# CONFESSIONS
D'UN
# BOHÊME

PAR

## XAVIER DE MONTÉPIN.

V

PARIS
ALEXANDRE CADOT, ÉDITEUR,
52, RUE DE LA HARPE.

1850

# CONFESSIONS D'UN BOHÈME.

## Ouvrages du Marquis de Foudras.

### EN VENTE.

| | |
|---|---|
| Un Caprice de grande dame. | 3 vol. |
| Un Capitaine de Beauvoisis. | 4 vol. |
| Jacques de Brancion. | 5 vol. |
| Les Gentilshommes chasseurs. | 2 vol. |
| Les Viveurs d'autrefois. | 4 vol. |
| Les Chevaliers du Lansquenet | 10 vol. |
| Lord Algernon | 4 vol. |
| Madame de Miremont | 2 vol. |
| Lilia la Tyrolienne. | 4 vol. |
| Tristan de Beauregard. | 4 vol. |
| Suzanne d'Estouville. | 4 vol. |
| La comtesse Alvinzi. | 2 vol. |

*Sous presse.*

Dames de cœur et Dames de pique.
Le dernier des Roués.
Un Drame en famille.
Les Veillées de la Saint-Hubert.
Le Commandeur de Pontaubert.

## Ouvrages de A. de Gondrecourt.

### EN VENTE.

| | |
|---|---|
| Les Péchés mignons | 3 vol. |
| Médine. | 2 vol. |
| La Marquise de Candeuil. | 2 vol. |
| Un Ami diabolique | 5 vol. |
| Les derniers Kerven. | 2 vol. |

*Sous presse.*

La Chasse aux diamants.
Le Bout de l'oreille.

## Ouvrage d'Alexandre Dumas.

# LA COMTESSE DE SALISBURY.

6 volumes in-8.

*On vend séparément les derniers volumes pour compléter la première édition.*

Impr. de E. Dépée, à Sceaux (Seine).

# CONFESSIONS

D'UN

# BOHÊME

PAR

**XAVIER DE MONTÉPIN.**

V

PARIS
ALEXANDRE CADOT, ÉDITEUR,
52, RUE DE LA HARPE.
—
1850

# DEUXIÈME PARTIE.

— SUITE. —

## LA DUCHESSE.

— SUITE. —

# XXXIV

## LE PASSAGE SAINT-ROCH.

Au milieu de son délire, une chose préoccupait vivement Raphaël.

« *Conduisez-moi où vous voudrez, et je vous* « *suivrai ,* » — Tel était le sens de la lettre de la duchesse.

Où la conduire ?

Prendre un appartement dans une maison garnie ou dans un hôtel, il n'y fallait pas songer.

Pouvait-il exposer Mathilde aux regards indiscrets de portiers insolents et bavards?

Pouvait-il lui faire courir le danger de se rencontrer face à face, dans un escalier fréquenté, avec des gens qui la reconnaîtraient peut-être?

D'un autre côté, c'est dans l'église Saint-Roch que la duchesse venait de lui donner un premier rendez-vous, — il fallait donc trouver dans le quartier avoisinant un logement convenable et qui fut immédiatement prêt.

Raphaël se mit en quête.

Il visita successivement la rue Saint-

Honoré, la rue du Dauphin et plusieurs des petites ruelles adjacentes.

Partout ses recherches furent infructueuses.

Enfin, le hasard et sa bonne étoile le conduisirent dans le *passage Saint-Roch*.

Nous offririons bien volontiers de parier que sur deux cents Parisiens à qui ces volumes tomberont sous les yeux, cent quatre-vingt-quinze, au moins, ignorent jusqu'à l'existence de l'endroit dont il s'agit.

Nous allons mettre à la disposition de ces derniers notre expérience topographique.

*Le passage Saint-Roch* est un couloir long, étroit, fangeux, mal éclairé, qui communique de la rue *Saint-Honoré* à celle d'*Argenteuil*, en longeant dans toute leur étendue les bâtiments de l'église Saint-Roch.

Une des portes latérales de la nef ouvre dans ce passage que garnissent d'un bout à l'autre de petites boutiques de fripiers, de bimbelotiers, de châsubliers et de marchands de menus objets de dévotion, tels que médailles, chapelets, pieuses images, buis bénit, etc., etc...

Ce passage n'est guère fréquenté qu'à l'heure de la sortie des offices, et, pendant tout le reste du temps, c'est à peine si l'on voit un passant dépaysé le traverser à de longs intervalles.

Raphaël, à peine engagé dans le passage Saint-Roch, fut frappé de tous les avantages qui résulteraient pour lui de la proximité de ce passage avec l'église, et de la porte de communication dont nous avons déjà parlé, s'il lui était possible d'y trouver un appartement quelconque.

En conséquence il s'approcha d'une fruitière entre deux âges, grosse commère ventrue et lippue qui se prélassait sur le seuil de sa porte, et il lui demanda :

— Sauriez-vous, par hasard, Madame, s'il y a des logements à louer dans le passage ?

La fruitière jeta un regard sur la toilette élégante et les gants paille du jeune homme, et son étonnement se traduisit par sa réponse qui était aussi une question :

— Un logement, M'sieu ! c'est-il pour vous ?

— Oui, Madame.

— Et ben! dans ce cas-là, il n'y a rien qui puisse faire l'affaire d'un beau M'sieu comme vous, —les chambres du passage, voyez-vous, c'est pas pour des gens de la haute!

— Peu importe, Madame, et je vous prie de vouloir bien me dire si vous connaissez quelque chose à louer.

— Ah! dam! puisque vous y tenez tant que ça, c'est différent...

— Eh bien!...

— Je vas vous dire. — vous le faut-il petit ou grand, le logement?

— Je prendrai ce que je trouverai.

— Alors, voyez voir à cette porte là-bas,

la quatrième après la mienne, — c'est la veuve André qu'est portière, — une ben brave femme, et je sais qu'ils ont un petit deuxième à louer depuis le terme. — C'te pauv'veuve André, ça lui ferait quéques petits profits, tout de même, si c'est que vous la preniez pour votre femme de ménage...

— Je vous remercie, Madame.

— Bien le bonjour, M'sieu, — dites-lui que vous venez de ma part, à la veuve André... pauv' chère femme, ça lui fera toujours plaisir.

— Je n'y manquerai pas.

— Ah! à propos, M'sieu, je me recommande à vous, si c'est que vous louez dans le passage. — Eudoxie Chalandard, fruitière, beurre et œufs, légumes verts et secs, premier choix...

— Soyez tranquille, Madame, soyez tranquille.

Et Raphaël, s'arrachant à grand peine au verbiage de son interlocutrice, se dirigea vers la demeure qui venait de lui être indiquée.

La porte de l'allée était ouverte, et la veuve André, honorable concierge s'il en fut, perchait au premier étage.

— Vous avez quelque chose à louer dans la maison, m'a-t-on dit? — demanda le vicomte, en pénétrant dans une loge infecte, d'où s'échappaient les émanations pestilentielles d'une copieuse soupe aux choux et d'un amas de chaussettes douteuses que la mère André, — petite vieille à moitié contrefaite, — était en train de raccommoder.

— Oui, Môsieu, un petit deuxième, qu'est joli tout plein; même qu'il était occupé le terme dernier par un ménage très conséquent, un employé des pompes funèbres, son épouse et leur bonne.

— Peut-on voir le logement.

— Pardine, Môsieu, certainement qu'on peut le voir, et même j'aurai *celui* de faire observer à Môsieu que la vue n'en coûte rien. — Voulez-vous prendre *celle* de monter avec moi?

Raphaël suivit la veuve André.

L'appartement dans lequel l'introduisit

cette digne personne, était composé d'une antichambre, de trois pièces et d'une cuisine.

Tout cela était carrelé et d'une malpropreté repoussante.

— C'est un véritable bijou que cette local ci, Môsieu, — disait de temps en temps la portière.

— Quel est le prix? — demanda le vicomte.

— Quatre cents francs, et c'est pour rien. — Je sais d'ailleurs que la *proprilliétaire* n'obtempérerait à aucune espèce de diminution. — Il y a de plus le sou pour livre et la bûche du portier.

— Fort bien, — j'arrête ce logement.

— Môsieu veut-il laisser son adresse pour les renseignements, c'est l'usage ?

— Voici le denier à Dieu, Madame.

Et, tout en parlant, Raphaël mettait quatre pièces de cent sous dans la main de la veuve André.

Cette dernière se confondit tout aussitôt en révérences et en salutations, et s'écria :

— Ah ! Môsieu, il n'y a aucunement besoin d'autres renseignements que ceux-là, on connaît le monde, et Dieu merci, on voit tout de suite à qui qu'on a affaire. — Quand Môsieu compte-t-il emménager ?

Ce soir.

— Ce soir, Môsieu ! mais il est bien tard !!

— On passera la nuit à meubler l'appartement, s'il le faut.

— Dam ! comme Môsieu voudra. — C'est-il moi qui fera le ménage de Môsieu ?

— Oui, certainement.

— Alors, Môsieu pourra dormir tranquille ! — foi de veuve André, son mobilier sera joliment tenu !!

Raphaël, sans perdre un instant, fut trouver un tapissier de la rue du Mont-Blanc (aujourd'hui rue de la Chaussée d'Antin,) et le ramena avec lui, passage Saint-Roch.

Ce tapissier était celui du baron de Maubert.

Il passa une heure environ, avec le vicomte, dans l'ex-appartement de l'employé aux pompes funèbres.

Au bout de ce temps tout était convenu et toutes les mesures étaient prises.

Six ouvriers se mirent immédiatement à l'œuvre et travaillèrent sans désemparer jusqu'au lendemain.

§

A dix heures du matin, tout était terminé.

Le hideux logis de la veille, — réduit à deux pièces, — une antichambre et une chambre à coucher, — renfermait maintenant toutes les recherches du comfort le plus exquis et de l'élégance la plus raffinée.

Un soyeux tapis recouvrait le froid carrelage de l'antichambre dont les murailles disparaissaient sous une magnifique tapisserie des Gobelins.

Tout à l'entour se dressaient des jardinières remplies de fleurs rares, comme dans le boudoir de la duchesse de Latour-du-Pic.

Il nous faudrait dix pages pour décrire minutieusement les merveilles de la chambre à coucher.

Mais qu'importent à nos lecteurs les couleurs éclatantes de la tenture de lampas et les mille arabesques du tapis de la savonnerie?

Disons seulement que de triples rideaux créaient dans cette pièce délicieuse une obscurité factice, doucement combattue par une lampe d'albâtre suspendue au plafond par trois chaînes d'argent.

Disons encore que le lit, du style Pompadour le plus maniéré et le plus coquet, disparaissait à demi sous les flots neigeux de la mousseline de l'Inde qui l'enveloppait comme un nid de colombes.

Ces prodiges de décoration, si lestement improvisés, coûtaient à Raphaël une somme ronde de quinze mille francs, — et ce n'était pas cher!

Sur ces quinze mille francs, il en donna

quatre tout de suite et il prit du temps pour le reste.

Hâtons-nous d'ajouter que le tapissier, avant de commencer ses fournitures, était allé mystérieusement trouver M. de Maubert, lequel avait enjoint de suivre strictement les ordres de Raphaël.

## XXXV

**PREMIER RENDEZ-VOUS.**

Midi sonnaient au moment où Raphaël entra dans l'église Saint-Roch. On se souvient que la duchesse lui avait promis de s'y trouver à midi et demi.

Quoique ce ne fut point un dimanche, l'église était remplie de bruit et de parfums.

On célébrait en grande pompe au maître-autel, le mariage de l'un des princes de la finance parisienne.

La fiancée était une jeune et belle personne de vingt ans à peine.

Le banquier archi-millionnaire avait des cheveux blancs.

Une foule d'invités et de curieux, causant et gesticulant comme sur la place publique, sans respect, ni pour la sainteté du lieu, ni pour la solennité qui s'accomplissait, remplissaient les bas côtés et la nef.

. . . . . . . . . . . .
. . . . . . . . . . . .

Mathilde était au rendez-vous.

Agenouillée dans une chapelle latérale et la figure cachée par un voile épais elle ne pouvait détacher ses regards de ce qui se passait dans le chœur.

Le vieillard et la jeune fille que venait d'unir pour la vie la bénédiction nuptiale, écoutaient, côte à côte, les paroles graves et touchantes que le prêtre prononçait au milieu du bruit.

Ces paroles n'arrivaient point jusqu'à Mathilde, et pourtant son front était pensif et des larmes, se détachant une à une des pointes de ses longs cils, coulaient sur ses joues pâles.

C'est qu'en contemplant cette épousée au front pur, au profil doux et virginal, si belle sous sa blanche couronne et qui venait de jurer amour et fidélité à un mari qui semblait son père, Mathilde faisait un triste retour sur sa propre situation, et elle se disait tout bas, l'âme triste et le cœur serré :

— Moi aussi j'avais juré! — Tiendra-t-elle mieux que moi son serment?

Raphaël devina Mathilde plutôt qu'il ne la reconnut.

Il s'approcha de la chapelle, mais se souvenant de ce que la duchesse lui avait écrit la veille il ne franchit point la grille entr'ouverte.

Mathilde le vit et tressaillit.

Pendant une seconde elle courba son front et l'appuya sur ses deux mains jointes.

Elle demandait pardon à Dieu, de la faute qu'elle allait commettre.

Puis elle se leva, et, d'un geste presqu'imperceptible, elle fit signe à Raphaël de lui montrer le chemin.

Le jeune homme marcha en avant.

Il sortit de l'église et entra dans le passage.

Au moment où il arrivait au seuil de la maison que connaissent nos lecteurs, il se retourna à demi pour voir si Mathilde le suivait.

Elle était à quelques pas derrière lui,— si tremblante qu'elle se soutenait à peine.

Raphaël courut à elle et lui tendit son bras sur lequel elle s'appuya silencieusement.

Ils entrèrent tous les deux.

Mais à peine Mathilde avait-elle gravi quelques marches de l'escalier raide et glissant, que les forces lui manquèrent tout-à-fait et qu'elle serait tombée si Raphaël ne l'eut soutenue dans ses bras.

Il la porta ainsi jusqu'au second étage.

Il ouvrit la porte qu'il referma aussitôt derrière lui, et, traversant rapidement l'antichambre, il déposa son doux fardeau sur l'un des siéges de la chambre à coucher.

Mathilde était évanouie, et si pâle qu'on eût dit que tout le sang qui coulait dans ses veines s'était retiré de son visage pour descendre à son cœur.

Peu à peu cependant une faible teinte

rose reparut à travers l'épiderme velouté de sa peau.

Les cils de ses grands yeux frémirent et un regard tomba avec une larme de ses paupières entr'ouvertes.

Raphaël, bien pâle aussi d'émotion et d'amour, était à genoux devant elle.

Il l'avait débarrassée de son chapeau et de son châle et il couvrait de baisers ses mains et ses cheveux avec une tendresse passionnée et cependant respectueuse.

Sainte et magnifique puissance d'une passion qui devient chaste à force d'être vraie, Mathilde, seule chez lui, abandonnée à lui, conservait pour Raphaël l'auréole de sa pudeur et lui semblait bien moins une femme qu'un ange descendu du ciel.

La duchesse sourit à son amant à travers les larmes qui couvraient ses joues.

Elle prit une de ses mains et la serra entre les siennes.

Ensuite elle lui dit, d'un ton simple, quoique d'une voix tremblante :

—Ne restez pas à mes genoux, mon ami,—venez, asseyez-vous auprès de moi.

Raphaël obéit.

Il y eut entre les deux jeunes gens un moment de silence, coupé seulement par les battements impétueux de leurs cœurs, puis, Mathilde reprit :

—Vous le voyez, Raphaël, je n'ai pas hésité, — je n'ai pas reculé, — je vous avais promis de venir, me voici. — Ma confiance est entière, — mon abandon est complet, absolu comme mon affection pour vous..... il dépend de vous de ne me faire repentir ni de cette affection, ni de cette confiance, — il dépend de vous de m'absoudre, pour ainsi dire, à mes propres yeux de la faute que je commets en vous aimant...

— Que faut-il faire? — s'écria Raphaël avec exaltation, — parlez, Mathilde, parlez.....

La jeune femme hésita.

Ce qu'elle avait à dire, en effet, n'était rien moins que facile à formuler.

Elle s'apprêtait à toucher à un sujet d'une délicatesse infinie.

Elle voulait envelopper sa pensée dans

un voile transparent et l'expression ne se présentait point tout d'abord.

Enfin elle murmura, mais d'un ton si bas que Raphaël ne l'entendit qu'à peine.

— Je vous aime, Raphaël, et je crois que vous m'aimez... je crois que nos âmes sont sœurs et que Dieu, quand il les a créées, les destina de tout temps à se rencontrer un jour, pour se fondre en une seule... vous le croyez aussi, n'est-ce pas?

— Oui, oh! oui! — répondit ardemment le jeune homme.

— Cette union des âmes, mon ami, — poursuivit la jeune femme, — c'est le bonheur, — le seul, le vrai bonheur..... sachons nous en contenter, Raphaël, — mettons toute notre joie en ce monde, dans une affection sans partage, — que les anges qui veillent sur nous puissent, en nous regardant, sourire à notre amour.

— Dieu lui-même a mis ma main dans la main d'un autre homme ; mais mon âme me reste, elle est libre, elle est à vous..... prenez-la, Raphaël, mais ne me demandez que cela, — laissez-moi pure, — soyez mon frère... dites, Raphaël, le voulez-vous ?...

Mathilde, on le voit, comme toutes les femmes honnêtes et exaltées qui en sont à leur première faute, croyait naïvement que le cœur peut se donner sans le corps. — La pauvre enfant ajoutait consciencieusement foi aux décevantes utopies de l'amour platonique.

Raphaël avait écouté, et, chose étrange, lui le libertin quelque peu blàsé, — lui l'élève sceptique de l'école du baron de Maubert, il ne trouvait rien à répondre.

Bien plus, il y avait tant de poésie et d'enthousiasme dans le geste, dans la voix, dans le regard et dans l'angélique visage de Mathilde, que Raphaël ne se sentait point trop éloigné, ma foi, de ployer sa passion sous le joug des chastes théories de la jeune femme.

Nous devons d'ailleurs ajouter, pour être dans le vrai, que notre héros se trouvait alors dans une de ces dispositions physiques, —trop fréquentes, hélas! dans la vie, — qui ne se peuvent excuser que par un excès d'amour et qui ont sauvegardé malencontreusement la vertu de tant de femmes à l'heure d'un premier rendez-vous.

Nous ne savons en vérité si nous sommes suffisamment clairs...

Que l'intelligence et la sagacité de nos *charmantes lectrices*, veuillent bien suppléer à ce qu'il nous est tout à fait impossible de dire.

Mathilde répéta sa question.

— Eh bien! oui, — répondit Raphaël avec exaltation,— je le veux bien, — soyez ma sœur!!

Et la conversation continua entre les deux amants, perdue plus que jamais dans les nuages du plus pur platonisme.

. . . . . . . . . . . .
. . . . . . . . . . . .

Au bout d'une heure, la duchesse quitta

le logis du passage Saint-Roch, absolument telle qu'elle y était entrée.

« Le vrai peut quelquefois n'être pas vraisemblable !! —

Comme elle franchissait, appuyée au bras de Raphaël, le seuil de la maison, un homme vêtu en commissionnaire et faisant emplète de fil et de boutons de guêtres dans la boutique en face, les observait à la dérobée, tout en cachant avec son mouchoir la moitié de sa figure.

Cet homme était le baron de Maubert.

# XXXVI

## CASUS BELLI.

Le lendemain de l'entrevue que nous avons racontée dans le chapitre précédent, Raphaël reçut une seconde lettre de la duchesse.

Mathilde, dans cette lettre, se mettait pour ainsi dire aux genoux du jeune homme, pour le mieux remercier de sa conduite de la veille.

Elle lui disait qu'elle était fière de lui.

Elle lui disait qu'il était noble et grand, et que sa chaste réserve, son saint respect pour la pudeur et pour la foi jurée, avaient centuplé l'amour qu'elle lui avait voué dans son cœur.

Mais déjà Raphaël n'était plus sous l'impression des enivrantes paroles de Mathilde, — l'union immatérielle des âmes lui semblait très incomplète et très insuffisante et il trouvait parfaitement ridicule et grotesque cette chaste retenue que la jeune femme exaltait si fort.

La passion sensuelle l'emportait décidément sur l'amour platonique.

Aussi Raphaël désirait-il avec une ardeur sans pareille qu'un autre rendez-vous vînt lui fournir l'occasion d'un triomphe absolu, — dût-il même, à la suite de ce triomphe, se voir dépouillé, dans l'esprit de la duchesse, d'une partie de son auréole.

Avons-nous besoin d'ajouter que le rendez-vous souhaité ne se fit guère attendre, — que Raphaël fut heureux autant qu'on puisse l'être, et que Mathilde, malgré sa rougeur et ses larmes, ne s'en irrita point?

La pauvre enfant fut même obligée de s'avouer, dans le secret de sa conscience, que le remords de son joli péché avait des compensations charmantes.

Cependant les deux amants, malgré leur mutuelle tendresse, ne se voyaient pas tous les jours.

Mathilde ne pouvait et ne voulait se soustraire à aucune des exigences de la société dans laquelle elle vivait, à aucune de ces mille petites tyrannies qui font de la vie d'une femme du monde un esclavage perpétuel.

De plus nous savons que le vieux duc était jaloux et méfiant, et il fallait avant toute chose craindre d'éveiller ses soupçons.

Raphaël, de son côté, depuis qu'il était devenu l'amant de Mathilde, ne se présentait presque plus à l'hôtel du faubourg Saint-Honoré.

Mais tous deux, le jeune homme et la jeune femme, se dédommageaient de la contrainte qu'ils étaient forcés de subir, par l'échange incessant des billets les plus tendres et les plus brûlants.

Mathilde écrivait à Raphaël tout simplement par la poste.

Raphaël chargeait de ses lettres Justine, la jolie femme de chambre, que quelques louis et quelques baisers avaient mis dans ses intérêts.

Et, deux fois par semaine, Justine accourait rendre compte au baron de Maubert du rôle de petite-poste qu'on lui faisait jouer, — et, chaque matin, Acajou venait rue Meslay, accuser réception des épitres de la veille.

Voilà où en étaient les choses, deux mois et demie précisément après la première entrevue dans le logis du passage Saint-Roch,

§

Le baron de Maubert et le comte de Salluces se trouvaient réunis dans le cabinet où nous avons plus d'une fois conduit nos lecteurs.

Le baron avait fait défendre sa porte pour tout le monde, même pour Raphaël.

M. de Salluces, debout en face du maître de la maison, le teint pâle et les sourcils froncés, semblait violemment ému.

La discussion avait été vive et le silence qui régnait en ce moment ne semblait guère qu'une trêve momentanée, conclue entre deux armées ennemies.

— Voyons, mon cher baron, — reprit M. de Salluces en s'efforçant d'amener un sourire à ses lèvres, — voyons, soyez raisonnable !...

— Je crois l'être, — répliqua sèchement M. de Maubert.

— Non, de par tous les diables, vous ne l'êtes pas, puisque vous repoussez des propositions parfaitement acceptables !!

— C'est qu'apparemment je ne les trouve point telles.

— Vous savez que mon père a quatre-vingt mille livres de rentes...

— Je le sais depuis longtemps, et voici la quatrième fois que vous me le répétez aujourd'hui.

— Vous savez que je n'ai qu'un frère et que par conséquent la moitié de la fortune paternelle doit me revenir un jour...

— Quand?

— Je l'ignore, mais, un peu plus tôt ou un peu plus tard, j'aurai pour ma part un bon petit million...

— Fort écorné!!

— De deux cent mille francs à peine! — resteront donc huit cent mille francs, ce qui est joli.

— Certes!

— Eh bien! j'offre de vous signer des acceptations pour cent mille francs, sans indication d'échéances fixes, ce qui vous donnera la certitude d'être payé le lendemain du jour où j'hériterai. En échange de ces acceptations, je vous demande de me restituer les malheureuses signatures fausses que vous avez su m'extorquer et de me rendre ma liberté d'action ; — ne me forcez plus, le couteau sur la gorge, à servir des projets que je trouve infâmes; et, je vous le jure sur mon honneur, vos secrets mourront dans mon sein, jamais un mot de moi ne viendra vous compromettre, si vous l'exigez je m'expatrierai, j'irai pendant un an, pendant deux, pendant dix, voyager en Asie, en Amérique, en Chine ; je mettrai enfin, si cela vous plaît, dix ou douze mille lieues entre Paris et moi... Voyons, acceptez-vous??

— Pour la quatrième fois je vous répète que je refuse.

— Mais, pourquoi?

— Parce que cela me convient, pardieu! — Je n'ai pas de comptes à vous rendre. — Il dépendait de vous de ne point vous mettre dans ma dépendance; vous y êtes, restez-y.

— Monsieur le baron!! — murmura Salluces, les dents serrées et les poings fermés.

— Monsieur le comte?... — répliqua M. de Maubert avec le plus grand calme, en regardant le jeune homme dans le blanc des yeux.

Salluces fit un nouvel effort sur lui-même et continua en cherchant à se contenir.

— Mais songez donc à ce que vous avez exigé déjà de moi... songez donc à ce que vous en exigez encore... songez donc que je suis gentilhomme.....

— Et moi? — interrompit M. de Maubert, — est-ce que je ne le suis pas, mon cher?

— Vous! — s'écria Salluces, ne pouvant se dominer plus longtemps, — vous êtes un affreux bandit!...

— En vérité? — fit le baron avec un ricanement sourd.

— Et c'est au bagne que vous avez dû prendre vos titres de noblesse!!

— Peut-être avez-vous raison, mon jeune ami, — répliqua lentement M. de Maubert en appuyant sur chacun de ses mots, en les soulignant pour ainsi dire, — peut-être avez-vous raison, mais, dans tous les cas, n'oubliez point que si je sors du bagne j'ai de quoi vous y envoyer, et que par conséquent nous n'avons rien à nous reprocher l'un à l'autre.

Le comte de Salluces fit comme toujours en pareille circonstance :

Il baissa la tête et se tut.

— Nous sommes faits pour nous comprendre et pour nous entr'aider, — poursuivit alors le baron, — oublions ce léger discord, — ne permettons point à un nuage passager de venir jeter du froid dans nos relations si charmantes, — j'ai besoin de vous, — vous avez besoin de moi, — restons amis, restons unis.

— Il faut cependant en finir, murmura M. de Salluces.

— Comment l'entendez-vous ?

Le comte s'approcha d'un panoplie et y prit deux épées d'égale longueur.

Monsieur de Maubert le regardait faire avec la plus complète insouciance.

— A quoi destinez-vous ces joujoux ? — demanda-t-il.

— A en finir, ainsi que je vous le disais tout-à-l'heure.

— Ah ! ah !

— Nous sommes seuls ici, — nous sommes enfermés, — prenez l'une de ces armes, battons-nous, sans témoins, jusqu'à ce que l'un des deux ait tué l'autre, et tout sera dit !!

— Vous croyez?

— Mais... il me semble...

— Il vous semble mal, mon cher comte, — oui, en effet, si je vous tuais, tout serait dit, mais si au contraire vous aviez le malheur de me porter un coup mortel.....

— Eh bien?

— Eh bien, certain personnage, que je ne vous nommerai pas, et pour cause, mais qui est investi de toute ma confiance, a reçu l'ordre formel, dans le cas où je viendrais à mourir de mort violente, d'expédier sur-le-champ à M. le procureur du roi certains papiers qui vous concernent. Comprenez-vous, maintenant, monsieur le comte, pourquoi tout ne serait pas dit??

— Oh! mon Dieu! — s'écria Salluces

avec rage, — mais, cet homme est invulnérable!!!

— Comme Achille, mon jeune ami, et plus qu'Achille, car on ne peut pas, ainsi que lui, me blesser au talon. — Voyons, remettez ces épées à leur clou et cessez de jouer le mélodrame, ainsi que vous le faites depuis une heure.

Salluces obéit silencieusement.

— Je voudrais mourir, — murmura-t-il ensuite.

— C'est une idée ça ! — reprit le baron, — et je n'ai nullement le droit de vous empêcher de la mettre à exécution, mais je crois, mon jeune ami, que vous tenez beaucoup trop à la vie pour songer à la quitter.—La vie, voyez-vous, c'est une maitresse quinteuse qui a de bons et de mauvais moments; — quand arrivent les mauvais on voudrait la quitter, mais on se souvient des bons et on la garde, — voilà. — Vous ne répondez rien, — donc vous êtes convaincu ; eh bien ! tant mieux ; et puisque vous voilà redevenu doux et traitable, faisons ce que nous aurions dû faire depuis une heure au lieu de discuter sans rime ni raison ; — causons sérieusement de choses sérieuses.

# XXXVII

**LE VOL A LA TIRE.**

— Ah! monsieur le baron, — s'écria Salluces avec une profonde amertume, — je suis bien à vous, je le sais! — vous me tenez captif sous votre poignet de fer et vous pouvez, quand cela vous plaira, m'écraser en fermant la main! — Ordonnez donc, monsieur le baron, — je serai votre esclave, mais non votre complice! j'obéirai, mais je proteste...

— Mon Dieu, — répondit M. de Maubert avec impatience, protestez, mon cher ami, peu m'importe, — pourvu que vous obéissiez après.

— Vous avez besoin de moi?

— Oui.

— Aujourd'hui?

— Oui.

— Que faut-il faire?

— Raphaël, à l'heure qu'il est, a reçu dix-sept lettres de la duchesse de Latour-du-Pic...

— Dix-sept lettres!!

— Tout autant ! Il est inouï de voir combien le véritable amour est bavard !

— Ensuite, monsieur le baron ?

— Raphaël, désireux, comme il convient, de ne se séparer jamais des précieux autographes qu'il prise plus haut que tous les billets de banque de la terre, ne les quitte ni jour ni nuit. — Le jour, les dix-sept poulets, soigneusement renfermés dans un portefeuille de maroquin vert, reposent sur le cœur du vicomte, dans la poche gauche de son habit. — La nuit, Raphaël ne s'endort que la tête appuyée sur le portefeuille en question.

— Eh bien ?

— Eh bien ! mon cher ami, j'ai besoin de cinq cent mille francs, — or les lettres de la duchesse représentent pour moi cette somme, donc il me faut ces lettres.

— Le moyen de les avoir ?

— Il est bien simple, — toujours le même, — un souper et trois gouttes de ma petite préparation, dans un verre de vin de Madère.

— Comme avec moi ?...

— Précisément, comme avec vous.

— Mais, ces trois gouttes, qui les versera ?

— Vous, parbleu !

— Ainsi donc, il faut que j'invite Raphaël.....

— A souper, mon cher ami.

— Quand ?

— Ce soir.

— Mais c'est jour d'opéra, et il y sera sans doute.

— Aussi ne lui donnerez-vous rendez-vous que pour après la représentation.

— Où faudra-t-il le conduire ?

— Au café Foy. — Je vous y retrouverai.

— Vous souperez donc avec nous ?

— Sans aucun doute, je tiens à ce que le portefeuille de Raphaël ne fasse qu'un saut de sa poche entre mes mains ; mais c'est vous qui traitez, et comme il n'est pas juste que ce soit à vos frais voici mille francs pour payer l'addition.

Monsieur de Salluces quitta le baron de Maubert et ce dernier, après le départ de son allié, se dit à peu près ceci :

— Bien certainement, un jour ou l'autre, il faudra que je songe à me débarrasser de ce pauvre Salluces ! — Il a trompé toutes mes prévisions et c'est un piètre auxiliaire ! — Des principes ! — des scrupules ! — des raisonnements, — c'est pitoyable ! — A l'entendre jadis parler de tout et se moquer de tout avec un si franc cynisme, je l'aurais cru beaucoup plus fort ! — Il était tout bonnement fanfaron de vice, comme tant d'autres le sont de vertu ! — C'est triste ! — On ne rencontre plus de natures énergiquement trempées, et il est tout-à-fait impossible, par le temps qui court, de compter sérieusement sur qui que ce soit !

Peut-être dirai-je incessamment deux mots à *Carillon* ou à Camisard!!

§

Ainsi que nous l'avons entendu de la bouche de M. de Salluces, c'était jour ou plutôt soir d'opéra.

Malgré les chaleurs de l'été il y avait foule dans la vaste enceinte de l'académie Royale-de-Musique.

On donnait *la Vestale*.

Le rideau venait de tomber après le troisième acte.

Presque tous les personnages de l'histoire que nous racontons se trouvaient réunis dans la salle.

C'était d'abord le baron Maubert, debout, à l'entrée de l'orchestre.

Un peu plus loin, le vicomte Raphaël, également debout, dans sa stalle.

De l'autre côté le comte de Salluces.

Et enfin, dans une loge de face du premier rang, le duc et la duchesse de Latour-du-Pic.

Mathilde tenait d'une main un bouquet magnifique et de l'autre elle semblait réparer, dans les boucles de ses cheveux, un désordre qui n'existait pas.

Raphaël la couvrait d'un regard radieux et étincelant d'amour.

Les indifférents, les gens superficiels, et ceux qui ne sont pas, comme nous, observateurs par état, ignorent les mille et une significations de la télégraphie par gestes, si fort usitée dans les salles de spectacle de Paris en général, et dans celle de l'Opéra en particulier.

De muettes correspondances s'établissent ainsi entre les loges et l'orchestre, sous les yeux des maris qui n'y voient littéralement que du feu.

Un bouquet posé sur le rebord d'une loge, — un gant ôté et remis, — un éventail ouvert et fermé successivement, — une main blanche caressant des cheveux blonds ou noirs, contiennent bien de tendres serments, — bien d'amoureuses paroles, — bien des promesses de bonheur.

Le geste de la duchesse disait à Raphaël qu'elle irait le lendemain au logis du passage Saint-Roch.

Un instant auparavant, Salluces avait invité le vicomte à souper...

Et Raphaël avait promis de se trouver à minuit au café Foy.

En ce moment il se passait une scène muette et bizarre à l'entrée de l'orchestre, à l'endroit où nous avons laissé M. de Maubert.

Ce dernier avait senti tout-à-coup une main agile et expérimentée se glisser dans la poche de son habit.

Il ne s'émut pas le moins du monde de cette tentative de vol à la tire.

Mais, sans même tourner la tête, il empoigna le bras du hardi filou, et le tint ferme et comme cloué dans un étau de fer.

La main se trouvait encore dans la poche, par conséquent le flagrant délit était constant.

Le baron entendit une voix suppliante qui murmurait à son oreille :

— Par grâce... par pitié... Monsieur, ne me perdez pas !!...

Il se retourna alors et vit un jeune homme, mis avec une élégance de bon goût et dont la figure régulièrement jolie respirait l'honnêteté et la franchise.

— Fiez-vous donc à la mine ! — pensa M. de Maubert en constatant que le bras qu'il n'avait point lâché appartenait bien au jeune drôle dont l'apparence était si peu suspecte.

Cependant le voleur répétait avec le plus gracieux sourire :

— Je vous en supplie, Monsieur, ne me perdez pas!!

Le baron, — fort indulgent comme on voit,— était sur le point de rendre la liberté à son captif et de l'envoyer se faire pendre ailleurs.

Mais une idée subite lui traversa l'esprit.

Il ne desserra point la tenaille vivante que formaient ses doigts, et il dit au filou désappointé :

— Venez avec moi?

—Vous me conduisez au poste? — demanda le jeune homme, d'un ton piteux.

— Non, — répliqua le baron.

— Où donc, alors ?

— Vous allez le voir.

— C'est juste !

Les deux hommes, — l'un conduisant l'autre, — arrivèrent au foyer.

La cloche venait de donner le signal du quatrième acte.

Le foyer était désert.

Le baron mena son captif dans l'embrasure de l'une des croisées, et là il lui dit :

— Vous êtes un voleur !...

— Pourquoi le nierais-je? — répliqua l'autre avec insouciance.

— Et, qui pis est, vous êtes un voleur maladroit!!.

— Oh!! — s'écria le jeune filou, — tandis que la rougeur de l'indignation lui montait au front en face de cette accusation blessante; — vous êtes injuste, Monsieur!!

— Je ne crois pas, — répondit le baron, — car, si vous aviez mis quelqu'adresse à m'enlever mon mouchoir, il ne serait plus dans ma poche, et vous ne seriez pas ici?

— Une fois n'est pas coutume.

— Ainsi, vous avez ordinairement la main plus heureuse?

— Je m'en pique, — mais pourquoi ces questions, s'il vous plaît ?

— Parce que j'ai une proposition à vous faire.

— Laquelle ?

—Choisissez entre ces deux choses : être conduit immédiatement au poste, et par conséquent coucher ce soir à la Préfecture de police, — ou me rendre un service et toucher dix louis dans un quart d'heure...

— Je préfère le service et surtout les dix louis. — Comment puis-les gagner ?

— Nous allons rentrer ensemble à l'orchestre...

— Fort bien.

— Je vous désignerai un jeune homme, — pendant l'entr'acte prochain, vous vous approcherez de ce jeune homme, — dans la poche de côté de son habit, il y a un portefeuille...

— Ah! ah!

— Vous vous emparerez de ce portefeuille et vous me l'apporterez.

— Ça se peut.

— En échange je vous compterai dix louis que voici.

— Mais, — s'écria le voleur, — si ce portefeuille est bourré de billets de Banque il me semble que dix louis c'est bien mesquin!!

— Ce portefeuille ne contient que des

lettres d'amour, — répondit le baron.

— Ah! — reprit son interlocuteur avec une intonation comique, — je comprends, — Monsieur est un mari... *malheureux*, — et il veut des preuves de *la chose*... dans ce cas, dix louis, c'est bien payé!

— Tâchez d'être adroit, au moins, — ajouta M. de Maubert, en souriant malgré lui de la supposition du jeune homme.

— On fera son possible, — répondit ce dernier.

En même temps les deux interlocuteurs regagnèrent l'orchestre.

§

Tout se passa comme le baron l'avait prévu et désiré.

Aussitôt après la chute du rideau l'intéressant filou s'approcha de Raphaël, — son entreprise quoique hardie et périlleuse s'accomplit avec une dextérité digne des plus grands éloges, et le portefeuille, contenant les dix-sept lettres de Mathilde, arriva sans encombre entre les mains de M. de Maubert qui donna en échange les dix louis convenus.

A la sortie du spectacle, le baron dit à Salluces :

— Vous souperez seul avec Raphaël, mon cher ami, je n'irai pas vous rejoindre.

— Dois-je toujours m'emparer du portefeuille ?

— Inutile...

— Ah! — vous avez donc renoncé...

— A rien, mais ce portefeuille est déjà dans ma poche.

— Est-ce possible?...

— Voyez plutôt !

Et M. de Maubert s'éloigna en riant.

— Oh! — se dit Salluces, resté seul, — oh! c'est le démon que cet homme!!

# XXXVIII

## UN COUP DE TONNERRE.

L'heure du rendez-vous approchait.

Mathilde, enfermée avec Justine dans sa chambre à coucher, mettait la dernière main à sa fraîche toilette du matin.

L'agile camériste, après avoir serré

autour de la taille si souple et si cambrée de sa jeune maîtresse les inutiles baleines d'un corset de satin, s'occupait à agrafer le corsage d'une robe de mousseline transparente.

On frappa doucement à la porte.

— Qui est-là ? — demanda Justine.

Une voix répondit :

— C'est une lettre pour madame la duchesse. — Le commissionnaire qui l'a apportée a dit qu'il n'y avait pas un instant à perdre pour la remettre en mains propres.

— Ouvrez la porte et prenez cette lettre, — fit Mathilde.

La femme de chambre obéit.

L'enveloppe qu'elle présenta à sa maîtresse était petite et élégante.

La suscription offrait les caractères irrécusables de l'écriture ronde et correcte d'un écrivain public.

Les mots : Très pressée, tracés en grosses lettres et deux fois soulignés à l'encre rouge, se voyaient dans un des angles.

Un simple pain à cacheter, sans empreinte, fermait le pli de l'enveloppe.

Tandis que Mathilde déployait cette missive inattendue, un frisson nerveux et involontaire agitait ses jolis doigts.

Elle lut...

Elle pâlit...

Elle chancela...

Sans donner à Justine, stupéfaite, le temps d'achever la toilette interrompue, elle attacha sur sa tête un chapeau de paille, elle jeta sur ses épaules la première écharpe qui se rencontra sous sa main, puis, livide comme une morte et le regard égaré, elle se précipita hors de sa chambre, sortit de l'hôtel et gagna la rue, tandis que ses gens la regardaient passer avec un stupide étonnement, en se demandant si leur maîtresse était devenue folle.

Au moment où Mathilde franchissait en courant le seuil de la porte cochère, un fiacre vide remontait au petit trot, du côté du boulevart.

La jeune femme arrêta ce véhicule et tendit sa bourse au cocher, en lui criant :

— A Saint-Roch !

L'automédon qui, rien qu'en soupesant la bourse qu'il venait de recevoir, avait compris qu'on lui payait trente ou quarante fois la valeur de sa course, mit au galop ses deux haridelles efflanquées.

§

— Voici ce qu'avait lu Mathilde :

« *Madame la duchesse,*

« *Vous avez écrit environ* DIX-SEPT *let-
« tres d'amour à* M. *le vicomte Raphaël, votre
« amant.*

« *Par suite d'une série d'incidents assez bi-
« zarres, dont il est inutile de vous entretenir
« ici, ces lettres sont arrivées entre mes mains.*

« *Je suis un galant homme, madame la du-
« chesse, et ce n'est qu'à la dernière extrémité
« que je me déciderais à vous être désagréable.*

« *J'aurai donc l'honneur de tenir aujour-
« d'hui à votre disposition, jusqu'à dix heures
« du soir, les dix-sept lettres dont il s'agit.*

« *Elles seront remises à vous, ou à un man-*

« dataire que vous m'enverrez, en échange
« d'une somme de CINQ CENT MILLE
« FRANCS, dont j'ai le besoin le plus absolu.

« Si, à l'heure dite, l'échange en question
« n'avait point été opéré, je me verrais forcé,
« à mon très grand regret, de m'adresser
« à M. le duc, votre mari.

« Agréez, je vous en prie, madame la du-
« chesse, l'assurance du profond respect,

« Avec lequel j'ai l'honneur de déposer à
« vos pieds les hommages de votre très hum-
« ble et très obéissant serviteur,

« UN INCONNU.

« P. S. — Les dix-sept lettres sont en ce

« *moment chez M.* V<small>AN</small>-G<small>RIPP</small>, *négociant, bou-*
« *levart Saint-Martin, n°..., qui a bien voulu*
« *se charger de terminer cette petite affaire.* »

§

Nos lecteurs, — du moins nous aimons à le supposer, — n'ont point oublié l'étrange épisode qui commence le troisième volume de ce livre.

Ils se souviennent sans doute de cette femme morte et de ces deux hommes tués en duel à propos de lettres volées.

Ils se souviennent du convive absent et

de la sinistre nouvelle, tombant au milieu des apprêts d'un joyeux déjeûner, comme l'ombre de Banquo au festin de lady Macbeth !

Ils se souviennent enfin du juif Ismaïl, et ils devinent que l'usurier de la rue Guénégaud n'était autre que le baron de Maubert, incarné pour la troisième fois sous le nom de Van-Gripp, l'escompteur du boulevart Saint-Martin.

En effet, l'épisode que nous rappelons ici servait pour ainsi dire de prologue au drame qui va se dérouler dans les pages suivantes.

En immolant Albert de Prie et Williams Stackpland, l'honorable baron de Maubert n'avait fait que s'essayer la main.

§

Les jours où Raphaël devait attendre Mathilde au logis du passage Saint-Roch, il avait l'habitude d'arriver au rendez-vous longtemps avant l'heure indiquée.

Il aimait à se trouver seul dans cette oasis embaumée où il avait été si heureux, — où il espérait encore goûter tant de bonheur.

Chacun des meubles de ce charmant réduit lui rappelait un baiser, une caresse, un souvenir d'ivresse et de volupté !

Les instants s'écoulaient rapides et Raphaël sentait battre délicieusement son cœur quand arrivait jusqu'à lui le bruit léger, mais bien connu, de la robe de soie de Mathilde, frôlant les marches de l'escalier.

Ce jour-là, Raphaël était en avance comme de coutume.

Soudain il tressaillit, son front devint pâle et le pressentiment d'une catastrophe le mordit au cœur.....

C'est qu'il entendait résonner dans l'escalier les pas de la jeune femme, non plus indécis et timides, mais rapides, saccadés, impétueux.

La porte s'ouvrit.

Mathilde entra.

Ses joues étaient livides et marbrées de taches rouges.

Un large cercle d'un brun sombre se dessinait autour de ses yeux agrandis.

A peine avait-elle fait deux ou trois pas dans la chambre que ses forces l'abandonnèrent tout-à-coup ; — ses jambes fléchirent et elle serait tombée à la renverse si Raphaël ne s'était précipité pour la soutenir.

Elle jeta ses deux bras autour du cou de son amant, dans la poitrine duquel elle cacha sa tête, et elle murmura d'une voix brisée, tandis que des torrents de larmes jaillissaient de ses yeux :

— Perdue!! perdue!!! je suis perdue!...

— Qu'avez-vous? mon Dieu! — s'écria le jeune homme. — Ma bien-aimée Mathilde, qu'avez-vous?... qu'est-il donc arrivé??

— Je sens que ma tête s'égare... que mes idées se troublent... Raphaël! Raphaël! si vous m'aimez, sauvez-moi!...

Le vicomte, à genoux devant sa maîtresse, qu'il avait assise dans une chauffeuse l'interrogea de nouveau avec passion et avec terreur.

Mais le désordre d'esprit de Mathilde était si grand, qu'elle ne répondait que par des phrases incohérentes et épouvantées, aux questions de Raphaël.

Enfin, ce dernier aperçut dans l'une des mains de la jeune femme la lettre de Van-Gripp, déchirée et broyée, qu'elle serrait convulsivement.

Il la prit et il la lut.

Tout lui fut aussitôt révélé, mais une lueur d'espoir vint briller à ses yeux à travers les horreurs de sa position.

— Je vous sauverai ! Mathilde ! je vous sauverai, — s'écria-t-il avec transport.

Ces quelques mots ranimèrent à demi la jeune femme.

Elle releva la tête et murmura :

— Vous me sauverez, Raphaël ! mais, comment me sauverez-vous ?

— En arrachant à des mains infâmes les lettres fatales qui m'ont été volées, — en payant avant le terme fixé la somme qu'on exige en échange du secret qui peut vous perdre...

— Payer cette somme ! — répéta la duchesse, — vous êtes donc riche, Raphaël ?

— Oui, — répondit le jeune homme après un instant d'hésitation, — oui, je suis riche !

— Oh ! alors, — murmura Mathilde dont un léger incarnat revint colorer les joues, — alors je suis sauvée !!

En présence de l'espoir de la jeune femme, — espoir basé sur la menteuse assurance qu'il venait de lui donner, — Raphaël sentit son cœur se serrer de nouveau.

Il ne se dissimulait point en effet combien étaient fragiles les éventualités sur lesquelles il comptait; mais, ainsi qu'un homme qui se noye, il devait espérer jusqu'au dernier moment qu'une main protectrice viendrait l'arracher à l'abîme.

Cependant le temps pressait, — il n'y avait pas une heure, pas une minute, pas une seconde à perdre.

— Ne pleurez plus, Mathilde, ma chérie, — dit-il en couvrant de baisers les deux mains de la jeune femme, — bientôt tout sera réparé, — calmez votre tête et votre cœur, pauvre enfant, — et retournez à votre hôtel, — attendez, — ayez confiance, — et surtout pardonnez à celui qui vous aime plus que sa vie, les tourments passagers que vous aurez soufferts pour l'amour de lui!

Mathilde ne répondit que par un doux et triste sourire.

Elle était presque rassurée; mais telle avait été la violence de la secousse, qu'un tremblement nerveux agitait encore ses membres et que ses larmes continuaient à couler.

Raphaël la reconduisit jusqu'à la voiture qui l'avait amenée, et qui stationnait dans la rue Saint-Honoré, à l'entrée du passage Saint-Roch, puis, prenant sur la place du Palais-Royal un cabriolet de louage, il se fit conduire, de toute la vitesse du cheval, au logis de la rue Meslay.

## XXXIX

#### LE PROTECTEUR.

— Mon cher baron, — dit Raphaël en entrant brusquement chez M. de Maubert, — faites défendre, je vous en prie, votre porte à tout le monde, — il faut que je vous parle, — que je vous parle à l'instant même et dans le plus grand secret.

— Tu m'effrayes, mon ami, — répondit

le baron après avoir donné à un domestique l'ordre de ne laisser arriver personne jusqu'à lui, — voyons, qu'y a-t-il?...

— Vous êtes mon ami, mon protecteur, mon père... — commença Raphaël.

— Qui en doute? — interrompit le baron.

— Vous avez fait tout pour moi, — vous avez sauvé ma vie que j'allais jeter aux flots noirs de la Seine, — ce que je suis c'est à vous à qui je le dois, — ce que je possède c'est vous qui me l'avez donné, eh bien! je viens vous demander plus encore..

— Quoi donc?

— Je viens mettre sous votre sauvegarde mon honneur et mon bonheur! Sauvez-moi, vous seul le pouvez!...

— Que veux-tu dire? explique-toi mieux, Raphaël,.... je tremble...

— Il me faut de l'argent, sinon, je suis perdu!

— De l'argent! — beaucoup?...

— Oui, beaucoup.

— Parle, mon ami, — s'écria M. de Maubert en courant à son secrétaire et en y prenant un portefeuille qu'il ouvrit : — combien te faut-il, cinq, dix, quinze, vingt mille francs même? je les ai là à ta disposition...

— Vingt mille francs! — répondit le vicomte, — ce ne serait pour moi qu'une goutte d'eau dans la mer.

— De quelle somme s'agit-il donc? grand Dieu!!

— Il me faut cinq cent mille francs.

Monsieur de Maubert fit un brusque haut-le-corps.

Puis il répéta, à deux reprises, avec l'expression d'une stupeur parfaitement naturelle :

— Cinq cent mille francs! — cinq cent mille francs! — ah çà, mais tu es fou, mon garçon!!!

— Non! s'écria Raphaël avec amertume, — oh! non, je ne suis pas fou, par malheur! car si je n'ai pas cet argent, il ne me restera, je vous le jure, qu'à me brûler la cervelle!!

— Te tuer, toi! mon ami, mon enfant! quelle horrible pensée! tu as donc joué, tu as donc perdu?

— Eh! ce ne serait rien, cela!

— Voyons, quand te les faudrait-il, ces cinq cent mille francs?

— Aujourd'hui.

— Aujourd'hui!!

— Oui, — avant dix heures du soir.

— Mais, c'est impossible !!

— Impossible ??...

— Absolument.

— Alors, je vous le répète, je n'ai plus qu'à mourir.

Et Raphaël, après avoir tendu la main au baron, fit un mouvement pour s'éloigner.

— Mais, attends donc au moins, méchant enfant ! — s'écria M. de Maubert, — peut-être en causant tous les deux trouverons-nous une issue à la position terrible dans laquelle tu parais t'être mis. — Voyons, d'abord, explique-moi pourquoi la somme énorme dont il s'agit t'est devenue aussi impérieusement nécessaire, et nécessaire aujourd'hui même ?

— Je ne puis rien vous dire, mon ami, car ce secret n'est pas le mien.

— Raphaël, — répliqua M. de Maubert d'un ton grave, — il est des moments solennels où de vains et absurdes préjugés ne doivent point servir de mobiles à nos actions. — Tu viens à moi en me demandant de te sauver,—j'ai le droit d'exiger et j'exige en effet que tu me mettes au courant des motifs de ta démarche, sans celà je risquerais, en venant à ton aide, de m'associer à la plus insensée et peut-être à la plus coupable de toutes les folies ! — J'attends.

Le vicomte, en écoutant ces dernières

paroles, crut voir une porte de salut se rouvrir devant lui.

— Il s'agit du secret et de l'honneur d'une femme, — répondit-il d'une voix basse et tremblante, — jurez-moi donc, sur ce qu'il y a de plus sacré au monde, de ne révéler à personne ce que vous allez apprendre !...

— Je te le jure, — fit le baron.

— Eh bien ! lisez.

Et Raphaël tendit à M. de Maubert la lettre de Van-Gripp à la duchesse, — lettre qu'il avait prise entre les mains de Mathilde.

Le baron regarda l'adresse.

Ensuite il lut rapidement.

Des signes non équivoques d'horreur et de dégoût se manifestèrent sur son visage pendant cette lecture.

— Le misérable ! — murmura-t-il, — en rendant au vicomte le papier terrible qui jouait, au-dessus de deux têtes innocentes, le rôle de l'épée de Damoclès.

— Eh bien ? — demanda Raphaël, — eh bien, comprenez-vous maintenant ?

— Je comprends qu'il faut payer, — répondit le baron, — sinon cette femme est perdue !!

—Vous croyez donc comme moi que

dans le cas où ce Van-Gripp ne toucherait pas son argent ce soir même, il aurait l'infâme courage de réaliser sa menace et de vendre, ainsi qu'il le dit, ces lettres au mari...?

— Je le crois, — un misérable comme celui-là est capable de tout.

— Ainsi je ne m'étais point exagéré les conséquences de ma situation...?

— Non, et je les envisage sous le même point de vue que toi !

— Alors, viendrez-vous à mon aide...? aurai-je ces cinq cent mille francs??

Et les yeux de Raphaël, attachés sur le visage de M. de Maubert, attendaient comme un arrêt de vie ou de mort, les paroles qui allaient s'échapper de ses lèvres...

Le baron se recueillit pendant un instant et parut absorbé dans une méditation profonde.

Puis il répondit :

— Écoute-moi, mon ami, — écoute-moi avec fermeté et avec courage...

Ce début, et surtout le ton dont il fut prononcé, ne présageaient rien de bon.

Raphaël pâlit.

— Ne te désole pas, — continua M. de Maubert, — nous trouverons certainement un moyen de prévenir le malheur qui t'épouvante à si juste titre...

Raphaël exprima, par un signe de tête, tout le découragement du désespoir.

Le baron poursuivit :

— Je te répète qu'il est impossible, absolument, matériellement impossible, de réaliser d'ici à ce soir la somme énorme dont tu as besoin, car, en supposant même que je puisse rencontrer chez eux à point nommé mon notaire et mon agent de change, la transaction à conclure nécessiterait plus de temps que nous n'en avons ; — mais j'ai quelque chose à te proposer.....

— Quoi?

— Le duc de La Tour-du-Pic est immensément riche, et il a reconnu à sa femme, comme apport dotal, une terre du Nivernais, qui vaut au moins deux millions...

— Eh bien?

— Je sais à merveille que la duchesse étant en puissance de mari, ne peut contracter, sans le consentement de ce dernier, un engagement valable, et que sa signature seule est nulle et de nulle valeur; mais cependant il y a cinquante capitalistes dans Paris, qui, moyennant une prime modeste, consentiraient à avancer à la duchesse une forte partie de la somme nécessaire; — d'un autre côté, madame de La Tour-du-Pic a de magnifiques diamants qu'elle peut mettre en gage.....

— Mettre en gage!! elle! — y songez-vous...??

— J'y songe parfaitement! — Quand il s'agit de sortir d'un mauvais pas, tous les moyens sont bons, et le *Mont-de-Piété* fonctionne tout aussi bien, selon moi, pour les duchesses que pour les grisettes. — D'ailleurs, fais-moi le plaisir d'attendre la fin de ce que j'avais à te dire. — D'ici à trois jours, moi qui te parle, moi le baron de Maubert, ton ami et ton protecteur, j'aurai réalisé cinq cent mille francs que je te remettrai et avec lesquels tu dégageras à ton tour les titres souscrits par la duchesse... Je serai ruiné aux deux tiers,

mais tu seras sauvé, et c'est le principal !
— Eh bien ! que dis-tu de cela...?

— Je dis que vous êtes avec moi d'une bonté touchante et que je ne souhaite qu'une occasion de sacrifier pour vous tout mon bonheur et toute ma vie...

— Enfant, ma conduite n'a rien que de naturel. — Ce que je te donnerai immédiatement devait t'appartenir plus tard. — C'est un avancement d'hoirie, voilà tout !

— Et maintenant, que dois-je faire ?

— Cours chez la duchesse, mon ami ; arrive immédiatement jusqu'à elle ; — indique-lui la marche à suivre, conduis-la chez le notaire de son mari, si elle a une assez grande confiance en lui pour le mettre au courant de sa position ; engage-la à ne pas négliger de s'adresser aux vieux amis de sa famille, qui, sans aucun doute, viendront à son aide de tout leur pouvoir ;—de plus, fais-toi remettre ses diamants et ses autres bijoux ; apporte-les ici, et je tâcherai de te faire prêter sur ce gage la presque totalité de la valeur réelle des objets. — L'essentiel est de ravoir aujourd'hui même ces lettres, quoi qu'il en coûte, car, je te le répète, dans huit jours tu peux compter sur moi et nous serons en mesure.

Raphaël, un peu ranimé et le cœur tout gonflé de reconnaissance, quitta cet excellent baron de Maubert qui venait de se mettre si généreusement à sa disposition.

## XL

**TENTATIVES.**

Nos lecteurs ont dû s'étonner plus d'une fois, en parcourant le livre qu'ils ont en ce moment sous les yeux, de l'étrange impudence avec laquelle nous mentions à notre titre.

Nous leur devons une explication.

Dans les cinq volumes que nous achevons, il n'y a, nous en convenons, rien de ce que nous avions promis et de ce qu'on était en droit d'attendre de nous.

Cela tient à ce que ces cinq volumes ne sont, pour ainsi parler, que le prologue des *Confessions d'un Bohème,* et que c'est seulement dans la seconde partie de notre œuvre — ( LE VICOMTE ANNIBAL ) — que nous entrerons réellement dans le récit des splendeurs et des misères de la vie bohémienne, au milieu des éblouissements et des fanges de Paris.

Nous avons été trompés les premiers par notre sujet, qui, presqu'à notre insu, a pris tout à coup des dimensions exagérées.

Cette première partie, dans l'origine,

ne devait être qu'un court épisode ; —
elle est devenue un livre tout entier.

Nos lecteurs s'en plaindront-ils?

Nous espérons que non.

§

Raphaël, en quittant son protecteur,
courut chez la duchesse.

Devant la porte de l'hôtel du faubourg
Saint-Honoré, il trouva Justine qui, le nez
en l'air et les yeux au guet, semblait attendre quelqu'un.

Elle alla droit au vicomte qu'elle emmena à l'écart et à qui elle dit :

— C'est par l'ordre de ma maîtresse que je suis ici. — Madame se doutait bien que vous ne tarderiez point à venir, et comme M. le duc n'est pas encore sorti de l'hôtel et que Madame veut absolument vous parler en secret, il vous faut aller la rejoindre par les jardins. Voici une clef de la petite porte qui ouvre sur les Champs-Élysées; — faites le tour, — entrez avec précaution, coulez-vous le long des charmilles, enfin agissez de telle sorte que personne ne puisse vous apercevoir. — Vous trouverez Madame dans le kiosque que vous connaissez.

Raphaël prit la clef et suivit littéralement les instructions de Justine.

Mathilde l'attendait en effet dans le kiosque.

A demi couchée sur un divan, elle cachait sa tête dans les oreillers, et l'on n'entendait que le murmure de sa respiration saccadée et celui de ses sanglots.

Au bruit des pas de Raphaël sur les tapis du pavillon, elle se redressa et laissa voir son pâle visage, rendu presque méconnaissable par les angoisses des deux heures qui venaient de s'écouler.

— Eh bien...? — demanda-t-elle, en tendant à son amant sa main brûlante et fiévreuse.

Raphaël, sans parler du baron de Maubert, expliqua à la jeune femme ce qu'il était indispensable d'entreprendre pour arriver à un résultat.

Mathilde l'écouta avec un sang-froid étrange, puis elle répondit :

— Je ne ferai rien de tout cela, mon ami, — je n'irai pas, moi la duchesse de La Tour-du-Pic, dévoiler le secret de ma honte et mendier de la pitié et des secours. — Je ne jeterai pas, de ma propre main, le déshonneur et le ridicule sur les cheveux blancs de mon mari. — Ma faute a été grande, il est juste que j'en sois punie. — Je courberai la tête sous une juste colère, et, si le duc veut que je meure, eh bien, je mourrai repentante et peut-être pardonnée.....

Vainement Raphaël pleura et s'agenouilla, — vainement il couvrit de baisers et de larmes les mains de sa maîtresse, en la suppliant de fuir avec lui et d'aller cacher sous un autre ciel leurs amours et leur bonheur.

Mathilde fut inflexible; — rien ne put ébranler son énergique détermination.

Pour cette âme vraiment noble et grande, il y avait une sorte d'amère volupté à braver le péril imminent.

Raphaël comprit qu'il n'obtiendrait rien.

Il se dit qu'il fallait vaincre ou mourir, et il s'éloigna en murmurant d'une voix étouffée :

— Je vous sauverai, malgré vous-même!!

Qu'allait-il faire?

Il ne le savait pas.

Cependant deux partis s'offraient à son esprit troublé.

Le premier et le moins insensé, était d'aller trouver Van-Gripp, de lui demander du temps et d'atteindre ainsi le jour où le baron de Maubert pourrait venir à son aide.

Dans le cas d'un refus impitoyable de Van-Gripp, peut-être ne serait-il point impossible d'obtenir par la menace et la violence la restitution des lettres volées.

Le second parti était d'attendre le duc de La Tour-du-Pic au passage et de l'assassiner.

Raphaël, en agissant ainsi, porterait sa tête sur l'échafaud, mais Mathilde serait sauvée.

Cependant, et quoiqu'un véritable délire troublât ses sens et égarât sa raison, le vicomte recula, non point devant la crainte de la mort, mais devant l'effroyable lâcheté du meurtre d'un vieillard.

Une fois sa décision bien prise, il alla chez Van-Gripp.

Un peu avant d'atteindre le boulevard Saint-Martin, il entra dans une boutique de coutelier et fit emplette d'un de ces poignards catalans, dont la lame, longue de quatre ou cinq pouces, est épaisse, acérée et tranchante.

Il mit ce poignard tout ouvert dans la poche gauche de son habit, puis il continua son chemin, entra dans la maison et sonna.

Camisard vint lui ouvrir la porte.

— Votre maître y est-il? — demanda le jeune homme.

— Il est en affaires, — répondit le géant.

— Pour longtemps?

— Je n'en sais rien.

— Je vais l'attendre.

— C'est bien. — Attendez-le.

Et Camisard laissa Raphaël dans l'antichambre, après avoir soigneusement refermé la porte extérieure.

Le vicomte, resté seul, se prit à examiner cette porte.

Elle était entièrement doublée, — à l'exception du guichet, bien entendu, — d'une épaisse plaque de tôle, et, en outre de la serrure, deux énormes verroux servaient à l'assujétir intérieurement.

Raphaël se souvint vaguement que la porte du juif Ismaïl, l'usurier de la rue

Guénégaud, était doublée et garnie de la même façon. —

Tout à coup l'attention du jeune homme fut invinciblement captivée par quelque chose d'étrange.

On se rappelle que l'antichambre dans laquelle attendait Raphaël, n'était séparée du cabinet de Van-Gripp que par un couloir de peu de longueur.

Les éclats d'une vive discussion arrivèrent, à travers ce couloir, frapper l'oreille de notre héros.

On ne pouvait entendre les paroles, mais le son des voix arrivait net et distinct.

L'une de ces voix, — Raphaël n'en pouvait douter, — était celle du comte de Salluces.

Et dans l'autre, sauf d'imperceptibles modifications, on aurait juré reconnaître l'organe du baron de Maubert.

Mais quelle apparence que le baron fut en ce moment chez l'escompteur, en compagnie de M. de Salluces?

D'ailleurs Raphaël se souvint que le jour de sa première entrevue avec Van-Gripp, il avait tressailli en écoutant parler l'usurier, à cause de la ressemblance bizarre de sa voix avec une autre bien connue.

Seulement l'idée ne lui était pas venue alors de songer à la voix du baron.

La conversation ou plutôt la discussion continuait.

Les deux interlocuteurs semblaient animés outre mesure, à en juger du moins par les exclamations qui se croisaient et se succédaient.

Mais bientôt, à ce diapason élevé succéda une sorte de murmure indistinct qui finit par s'éteindre lui-même.

On entendit ouvrir et fermer une porte, puis le silence le plus absolu s'établit.

Ce silence fut coupé au bout d'un instant par la voix de Van-Gripp qui cria :

— Camisard, s'il y a quelqu'un dans l'antichambre, faites entrer.

Camisard n'était pas là pour obéir.

Mais Raphaël, pensant à bon droit qu'il n'avait pas besoin d'introducteur, ouvrit la porte du passage et pénétra dans le cabinet de Van-Gripp.

Son cœur battait à rompre sa poitrine, et l'émotion lui serrait la gorge.

## XLI

**STOP.**

A l'aspect de Raphaël, que sans doute il ne s'attendait point à voir apparaître devant lui, Van-Gripp fit un mouvement brusque et porta la main à la barbe rousse et touffue qui couvrait tout le bas de son visage.

En même temps il assujétit ses lunettes

à larges verres et il rapprocha les rideaux qui se croisaient contre le grillage de son bureau.

Mais Raphaël était trop préoccupé pour remarquer ce triple geste.

Le chien des Abruzzes, enchaîné dans le cabinet, poussa un hurlement sourd et voulut s'élancer contre le jeune homme.

— A bas, Stop! — cria Van-Gripp, à qui une minute avait suffi pour reprendre tout son aplomb, et qui ajouta presque aussitôt d'un ton mielleux :

— A quoi dois-je attribuer l'honneur de la visite de monsieur le vicomte?

Stupéfait de tant d'impudence, Raphaël hésita avant de répondre.

Van-Gripp répéta sa question.

— Ne le savez-vous pas? — demanda Raphaël.

— Je m'en doute, à la vérité, mais je serai bien aise, monsieur le vicomte, de vous l'entendre dire à vous-même.

— Je viens conclure une affaire avec vous...

— Fort bien.

— Vous êtes possesseur de dix-sept lettres...

— Ah! monsieur le vicomte, — interrompit l'usurier, — je suis forcé de vous arrêter là, — *possesseur*, non, — *dépositaire*, oui, — j'insiste sur ce point, il est fort important.

— Soit, — vous êtes dépositaire de dix-sept lettres écrites par une femme à son amant...

— C'est vous qui le dites; moi j'ignore complètement si ce sont des lettres d'amour. — Vous comprenez que la discrétion ne m'a pas permis d'y jeter un seul coup-d'œil.

— On met un prix énorme à la restitution de ces lettres, — continua Raphaël.

— Oui, — cinq cent mille francs. — Joli denier. — Il paraît que la dame est riche.

— Eh bien! ces lettres, — il me les faut.

— Vous apportez l'argent?

— Non.

— Dam, dans ce cas, je crois qu'il sera difficile de nous entendre à ce sujet...

— Peut-être! — ces lettres ont été volées!!

— Ça se peut, — mais ça ne me regarde pas.

— Comment??

— Je vous répète que je ne suis que dépositaire.

— En admettant que ce soit vrai, ignorez-vous donc que le recéleur est complice du vol et puni comme le voleur?

— Je le sais à merveille. — Ah! monsieur le vicomte, je connais mon code sur le bout du doigt.

— Alors, n'avez-vous pas peur...?

— De quoi donc, s'il vous plaît?

— De la plainte que je vais déposer dans une heure entre les mains de M. le procureur du roi, si vous ne me rendez pas les lettres que je réclame.

— Une plainte! — vous! — ah! c'est ma foi fort comique et j'en rirai longtemps!

— fit Van-Gripp avec un ricanement sarcastique qui lui était habituel, — vous ne la déposerez pas cette plainte, mon cher Monsieur.

— Et qui m'en empêcherait, je vous prie? — demanda Raphaël exaspéré.

— Pardieu! le plus simple bon sens, et, de plus, deux petites raisons assez concluantes...

— Lesquelles?

— La première, c'est que vous ne vous soucieriez que fort médiocrement de mettre la police dans la confidence des tendres faiblesses de la charmante femme à laquelle vous vous intéressez...

« La seconde, c'est que vous y regarderiez à deux fois avant de faire arriver le moindre désagrément à ce pauvre Van-Gripp, qui possède certains billets enrichis par vous, avec un véritable talent de calligraphie, de l'honorable signature du baron de Maubert.

— Ah! — s'écria Raphaël avec un mouvement de rage amère et poignante,—ah! c'était donc un piège!!

— Dam! peut-être bien! — Dans tous les cas, vous conviendrez qu'il était assez habilement tendu ce petit traquenard...

— Ecoutez, Monsieur, — murmura Raphaël d'une voix suppliante, — envoyez moi au bagne et rendez-moi ces lettres!

— Faites-moi le plaisir de me dire mon cher monsieur le vicomte, ce que cela rapporterait à la personne dont je suis le fondé de pouvoir, si je vous envoyais au bagne? cette personne préférera et de beaucoup, croyez-moi, palper cinq cent mille francs. — Donc, la transaction que vous proposez n'est pas acceptable, — parlous d'autre chose.

— Avez-vous un cœur... monsieur Van-Gripp?... — commença Raphaël.

— Je ne crois pas, — interrompit l'usurier.

— Alors, rien ne peut vous toucher.

— Rien que de l'argent. — J'ai reçu des

ordres exprès, — il faut que je les exécute à la lettre.

— Mais, on ne refuse point de vous payer...

— Je le crois fichtre bien !

— Seulement il est impossible de réunir en quelques heures la somme énorme qui est exigée...

— Cela ne me regarde pas.

— Je me suis adressé à mon protecteur, le baron de Maubert, lequel m'a promis de réaliser cinq cent mille francs d'ici à huit jours, — huit jours, c'est bien peu ! — accordez-moi ce temps.

—Impossible! le propriétaire des lettres a besoin de son argent aujourd'hui même.

—Mais, songez donc que, si vous rejetez ma proposition, vous ne le toucherez pas, cet argent! vous ne le toucherez jamais!!

—Je vous demande un million de pardons, monsieur le vicomte; nous sommes convaincus que le duc de La Tour-du-Pic réunira sans la moindre peine et en moins d'une heure, les cinq cent mille francs demandés.

— Ainsi, vous avez résolu de vous adresser à lui?

—Ce soir même.

— Ainsi vous repoussez mes offres?...

— Avec regret, mais il le faut.

— Ainsi, vous ne voulez pas même attendre.....

— Pardon! — jusqu'à dix heures sonnantes; — pas une minute de plus, pas une minute de moins.

Depuis un instant la pâleur du vicomte était devenue livide.

Ses yeux semblaient prêts à jaillir de leur orbite et sa main droite se cachait sous le revers gauche de son habit.

Au moment où Van-Gripp prononçait les dernières paroles que nous venons de rapporter, une rougeur ardente remplaça les teintes blafardes du visage de Raphaël.

Sa main droite reparut, armée du couteau catalan tout ouvert.

— Misérable! — s'écria-t-il, — je te dis, moi, que tu vas me rendre ces lettres...!!

Et il s'élança contre la porte grillée du bureau.

Peut-être Van-Gripp avait-il prévu cette attaque; — toujours est-il qu'il eut recours aussitôt, et sans se déconcerter, à un double moyen de défense.

D'abord il approcha de ses lèvres un sifflet d'argent qui rendit un son aigu et prolongé.

Ce coup de sifflet avait pour but d'appeler Camisard à son aide.

Ensuite il toucha un ressort placé à portée de sa main, et il cria :

— Défends-moi, Stop ! — défends-moi !

Le collier du chien des Abruzzes s'ouvrit à l'instant même, et le farouche animal s'élança sur Raphaël qui s'épuisait en efforts inutiles contre le grillage du bureau.

Alors commença une lutte effroyable.

Stop, l'œil sanglant et la gueule écumante, poussait des hurlements féroces et tournait en rampant autour de Raphaël.

Puis, soudain, bondissant comme une panthère, il sautait, tantôt à la gorge, tantôt à l'épaule du jeune homme, lui enfonçait ses crocs dans la chair, le couvrait de bave et de sang, et retombait, frappé d'un coup de couteau.

Six fois de suite Raphaël sentit sur son visage la chaude et fétide haleine du chien furieux; — six fois de suite les dents de Stop lui arrachèrent des lambeaux palpitants.

Son sang ruisselait, — il sentait ses forces s'engourdir, et ses yeux se voiler.

Il était perdu...

Sa main, toujours armée, mais déchirée et meurtrie, ne frappait plus qu'au hasard.

Déjà Stop se dressait contre lui.

Machinalement il raidit son bras.

Le couteau catalan s'enfonça jusqu'au manche dans le poitrail du hideux animal, qui roula sur le plancher en râlant et en se tordant dans les dernières convulsions de l'agonie.

Ainsi sauvé, comme par miracle, Raphaël se retourna vivement pour chercher l'usurier.

Mais Van-Gripp n'était plus là.

Pendant la lutte entre Stop et le vicomte, il avait prudemment disparu.

En revanche, le géant Camisard, debout à trois pas du jeune homme, brandissait au-dessus de sa tête un lourd maillet à fendre le bois.

Raphaël donna sa dernière pensée à Mathilde et recommanda son âme à Dieu.

Puis il ferma les yeux.

— Faut-il le tuer? — demanda Camisard.

Et la voix de Van-Gripp répondit :

— A quoi bon? — ça nous ferait une

mauvaise affaire! il vaut mieux le laisser partir, — il n'est pas dangereux.

Camisard jeta de côté son maillet, prit Raphaël entre ses bras et le porta presque sans connaissance jusqu'en dehors de l'appartement.

Là, il l'assit sur la première marche de l'escalier, où le jeune homme s'évanouit tout-à-fait.

## XLII

UN MYSTÈRE.

L'évanouissement de Raphaël ne fut pas de longue durée.

Quand il revint à lui, il eut peine, dans le premier moment, à se rendre compte du lieu où il était et des évènements qui venaient de se passer.

Mais il fut ramené bien vite, par le sentiment de la douleur physique, au souvenir et à l'appréciation de sa situation morale.

Il jeta sur le présent et sur l'avenir un coup d'œil épouvanté, — il se dit que Mathilde était perdue, bien perdue, — sans espoir et sans ressources.

— Je n'ai plus qu'à mourir! — pensa-t-il. — Et il se leva pour quitter la maison maudite.

Toutes les parties de son corps étaient meurtries et déchirées.

Une large morsure saignait à son épaule gauche.

Ses membres endoloris refusaient presque de le soutenir.

Cependant il parvint à descendre l'escalier et il se trouva sur le boulevard.

Devant la porte, à dix ou quinze pas de la maison, stationnait un grand fiacre dont les stores étaient baissés avec soin.

Au moment où parut le vicomte, une voix étouffée, et dont on cherchait évidemment à déguiser le timbre, prononça doucement son nom.

Le jeune homme regarda autour de lui.

Il ne vit personne.

La voix répéta son nom pour la seconde fois.

Raphaël s'orienta mieux, et la direction probable du son lui fit conclure que la personne qui l'appelait ainsi se cachait dans le fiacre.

Il s'en approcha, et il entendit la même voix qui lui disait :

— Tournez autour de la voiture, ouvrez la portière et montez.

Rien ne pouvait aggraver la situation désespérée dans laquelle se trouvait notre héros.

Il n'hésita donc pas à faire ce que lui dictait la voix mystérieuse.

Il ouvrit la portière du fiacre, et, avec l'aide du marchepied, il se hissa, non sans peine, dans l'intérieur.

Celui qui l'attendait, celui qui l'avait appelé, était le comte de Salluces.

Raphaël n'eut pas le temps d'ailleurs de manifester sa surprise.

Au moment où il s'asseyait sur les coussins peu élastiques du *char numéroté,* — comme dit Boileau, *le Législateur du Parnasse,* — le cocher, sans attendre qu'on lui indiquât une adresse, fouetta ses chevaux qui partirent au petit trot.

Le vicomte se tourna vers M. de Salluces, et, pour la première fois, il remarqua l'étrange pâleur du visage de ce dernier.

Oubliant un instant ses propres angoisses pour s'occuper de la tristesse apparente de son ami, il lui demanda :

— Qu'avez-vous donc?

— Ne m'interrogez pas, je vous en conjure, — répondit M. de Salluces, — tout-à-l'heure vous saurez tout.

— Je n'insiste point; — seulement laissez-moi vous adresser une question...?

— Laquelle?

— S'agit-il d'un malheur?

— Oui.

— Peut-il se réparer?

— Je l'espère.

— Et... lequel de nous deux ce malheur frappe-t-il, mon ami...?

— Il nous frappe tous les deux.

— Eh bien, — répondit Raphaël, — nous le supporterons ensemble.

Et il tendit sa main à Salluces.

Ce dernier retira la sienne en disant :

— Je ne puis toucher votre main, Raphaël, car peut-être tout-à-l'heure vous regretteriez de me l'avoir donnée.

Après ces derniers mots la conversation s'interrompit, et le silence le plus profond régna dans la voiture jusqu'au moment où elle s'arrêta devant la maison qu'habitait Raphaël.

Les deux jeunes gens descendirent.

— Grand Dieu! — s'écria Salluces, en voyant au grand jour les larges taches de sang qui souillaient les vêtements déchirés de son compagnon, — grand Dieu! que vous est-il donc arrivé??

— J'ai été mordu par un chien, — répondit le vicomte avec un sourire amer, — moi aussi je vous raconterai cela tout-à-l'heure.

— Mordu par un chien! — répéta Salluces, — Stop, n'est-ce pas? le chien de ce misérable Van-Gripp...?

— Oui.

— Et qu'avez-vous fait?

— Je l'ai tué.

— Que n'avez-vous pu tuer son maître en même temps!!

— Oh! — répondit Raphaël avec une expression farouche dans le regard et dans la voix, — oh! patience! cela viendra!!

— Plutôt que vous ne pensez, peut-être, — répliqua Salluces.

Les jeunes gens étaient arrivés à l'appartement de Raphaël.

Ce fut Acajou qui vint leur ouvrir la porte.

Salluces considéra le nègre avec attention, puis il passa sans rien dire.

Mais, aussitôt entré dans la chambre à coucher du vicomte, il demanda à ce dernier :

— Avez-vous ici un cabinet obscur, sans communication avec le dehors, et fermant à l'extérieur avec une solide serrure?...

— Oui sans doute.

— Qu'y a-t-il dans ce cabinet ?

— Des bottes et des souliers renfermés dans un placard.

— Très bien. — Où est-il situé ?

— Là. — Et Raphaël en indiqua la porte.

Salluces prit une clochette sur la cheminée et sonna.

Acajou parut.

— Votre maître demande l'une des paires de bottes qui sont dans ce cabinet, — lui dit le jeune homme.

Acajou entra dans l'endroit désigné.

Aussitôt Salluces referma la porte sur le nègre et fit tourner deux fois la clef dans la serrure.

— Mais, Monsieur — s'écria le valet stupéfait, — vous m'enfermez!

— Je le sais parbleu bien! mauvaise canaille! — répondit Salluces, — et je te préviens que si tu bouges ou si tu fais le moindre effort pour sortir, nous te brûlons la cervelle d'un coup de pistolet!

— Que veut dire tout cela? — demanda Raphaël.

— Il est indispensable que ce mauricaud ne puisse mettre les pieds hors d'ici.

— Pourquoi donc?

— Cela se rattache à ce que je vais vous raconter; mais d'abord, déshabillez-vous, mon ami, et laissez-moi panser vos blessnres, car bientôt vous allez avoir besoin de toute votre force physique, en même temps que de toute votre force morale.

Raphaël s'abandonna passivement aux mains de M. de Salluces.

La morsure de l'épaule offrait seule quelque gravité. — Elle fut lavée avec soin et couverte d'une compresse de fine toile.

Le reste étaient des meurtrissures et des égratignures que Salluces frictionna avec de l'eau-de-vie, ce qui soulagea instantanément Raphaël.

— Je suis fort, maintenant, et prêt à vous entendre, — dit-il à son ami.

Et il ajouta avec amertume :

— Parlez hardiment, mon cher Salluces, — vous avez un nouveau malheur à m'annoncer... — qu'importe? — je m'attends à tout et je ne plierai point sous le choc, car j'ai vidé aujourd'hui jusqu'à la lie le calice du désespoir.

— Ecoutez-moi, — dit Salluces, — écoutez-moi avec tout le mépris que je mérite, mais sans colère, si vous pouvez! — Regardez-moi, Raphaël. — voyez, j'ai devant vous le front courbé comme devant un juge. — Je devrais vous parler à genoux, et quand vous m'aurez entendu, si vous me repoussez du pied, vous ne serez que juste, car je suis un infâme.....

— Mon Dieu, — murmura Raphaël profondément surpris de cet étrange début,

— mon Dieu! qu'allez-vous donc me dire??

— Je vais me confesser à vous, — répondit M. de Salluces.

## XLIII

### UNE PÉRIPÉTIE.

C'est un usage généralement adopté, par le temps qui court, de tirer deux moutures du même sac, et, quand on a fait un roman, de faire un drame avec ce roman.

Cette coutume est-elle bonne ou mauvaise ?

Il y aurait moyen de controverser fort longuement à ce sujet, car la question que nous soulevons ici offre *pour* et *contre* des arguments d'une valeur à peu près égale.

Ainsi, par exemple, il arrive souvent que lorsqu'on veut resserrer dans le cadre, cependant bien large, de cinq actes et de douze tableaux, les innombrables incidents qni remplissent un roman de longue haleine, on ne produit qu'une œuvre bâtarde, étriquée, décousue, incompréhensible.

Mais parfois aussi le public aime à voir s'incarner sous ses yeux les figures qui l'ont charmé, et il se plaît à regarder, vivants et agissants sur la scène, ces types et ces personnages qu'il avait déjà rencontrés dans le livre.

L'immense succès des *Mousquetaires* et du *Chevalier-de-Maison-Rouge* est une incontestable preuve de ce que nous avançons.

Il peut arriver aussi, dans certains cas donnés, que le drame complète le roman en rendant possibles et intéressantes sur le théâtre, des scènes qui, dans le livre, ne seraient que des redites fastidieuses.

Ainsi, comment voulez-vous que nous vous racontions ici la confession de Salluces à Raphaël?

Comment voulez-vous que nous entrions dans le détail de tous ces faits que nous connaissons déjà?

Et cependant, quoi de plus dramatique

que la situation de cet homme, complice involontaire d'un véritable bourreau, dévoilant à sa victime les ruses machiavéliques et les effroyables traquenards qui l'ont entraîné jusqu'au fond de l'abîme.

Est-il possible de bien exprimer avec des mots l'épouvante et la stupeur qui se peignaient tour à tour sur le visage de Raphaël, tandis qu'il apprenait qu'il n'avait été entre les mains de celui qu'il aimait d'une affection filiale, qu'un instrument passif pour le plus hideux, le plus honteux de tous les vols, — le *chantage!*

Est-il possible de noter ce cri d'horreur, échappé de la poitrine du vicomte, au moment où il lui fut révélé que le baron de Maubert et l'usurier Van-Gripp n'étaient qu'un seul et même homme?...

Et cependant nous croyons que cette scène, devant laquelle nous reculons en ce moment, sera d'un grand effet dans le drame tiré des *Confessions d'un Bohême*, un peu par l'auteur de ce livre, et beaucoup par son ami et collaborateur, Eugène Grangé, l'un des Shakspeares les plus aimés du boulevart du crime.

Cela dit, — passons.

Salluces venait d'achever son terrible récit.

Raphaël, muet, suffoqué, serrant dans ses deux mains sa tête prête à se briser, l'avait écouté jusqu'au bout.

Il y eut alors entre les deux jeunes gens un instant de silence solennel.

Raphaël parla le premier.

— Salluces, — dit-il d'une voix émue, — je crois que le courage de vos aveux rachète la honte de votre conduite. — Vous ne vous apparteniez plus, — un joug de fer courbait votre front, — une volonté toute-puissante et fatale dominait votre volonté... Aidez-moi donc à sauver Mathilde, aidez-moi à me venger de cet homme et... et je vous pardonnerai tout ce que vous avez fait contre moi !!

— Nous sauverons la duchesse et nous serons vengés, — répondit M. de Salluces avec l'assurance d'un homme qui est sûr de tenir ce qu'il promet.

— Dieu vous entende ! — murmura Raphaël. — Voyons, que faut-il faire ??

— Il faut d'abord ne pas perdre un instant, car le baron doit être sur ses gardes et il pourrait fort bien devenir introuvable.

— Hâtons-nous donc !!

— Sans doute, mais, en même temps que de la promptitude ayons de la prudence, — le bon droit est de notre côté, — que la force y soit aussi. — Vous avez des armes, n'est-ce pas ?

— Oui, — des épées et des pistolets.

— Les épées nous sont inutiles, — il ne peut y avoir de duel. — Voyons les pistolets.

Raphaël alla décrocher ceux qui figuraient dans l'une de ses panoplies.

Il en apporta deux paires.

L'une de pistolets de combat.

L'autre de très petits pistolets de poche, — de ceux qu'on appelle vulgairement : *coups de poing.*

Salluces visita et chargea ces armes.

Il prit les pistolets de tir, et dit à Raphaël de cacher les autres dans les poches de sa redingote.

Cela fait, les deux jeunes gens gagnèrent le boulevard, remontèrent dans le fiacre qui les avait amenés, et se firent conduire à la rue Meslay.

— Monsieur le baron est sorti, — leur

dit le valet de pied qui se présenta pour les recevoir.

— C'est bien, — répondit Salluces, — nous l'attendrons.

— Mais, monsieur le comte.....

— Je vous dis que nous attendrons votre maître, — continua impérieusement Salluces. — Vous nous connaissez, je pense, et vous savez que nous ne sommes point des voleurs. — Laissez-nous donc entrer !!

Le valet de pied, fidèle à sa consigne voulut encore tenter de s'opposer au passage des jeunes gens.

Mais Salluces l'écarta d'un geste vigoureux et pénétra dans l'antichambre avec Raphaël.

— Au moins, Messieurs, — fit le domestique, — j'espère que vous voudrez bien dire à M. le baron que c'est malgré moi...

— Soyez tranquille, — interrompit Salluces, — votre maître ne vous fera pas de reproches.

Le valet disparut.

Les jeunes gens passèrent.

Le salon était désert ainsi que le cabinet de travail dans lequel le baron donnait habituellement ses audiences.

Salluces s'arrêta.

— Raphaël, — dit-il à son compagnon, — nous touchons au but. — Dans un instant nous tiendrons sous nos pieds cet homme qui nous a tenus si longtemps sous les siens. — Que l'ardeur de la vengeance ne nous enivre pas ! Suivez mon exemple, — du calme et du sang-froid, le succès est peut-être à ce prix.....

— Je serai calme, — répondit Raphaël, — vous verrez !

Salluces s'approcha de la muraille, recouverte, nous le savons, par une tapisserie des Gobelins représentant les mythologiques amours de Jupiter et de Danaë.

Parmi les monnaies étincelantes qui ruisselaient en pluie métallique sur la gorge nue et rebondie de la jeune beauté,

— séduite, aussi bien que les lorettes de la rue de Bréda, par cet ouragan californien, — se voyait une pièce d'or plus brillante que toutes les autres.

Salluces appuya son doigt sur cette pièce.

Aussitôt la porte secrète tourna sans bruit sur ses gonds parfaitement huilés et les jeunes gens se trouvèrent en face de l'ouverture étroite qui réunissait l'appartement somptueux du baron au sordide logis de l'usurier.

— Venez, — murmura tout bas Salluces à l'oreille de son compagnon.

Et tous deux s'élancèrent chez Van-Gripp.

Salluces ne s'était pas trompé en disant que sans doute le Janus infernal, l'homme à double visage, songeait à disparaître prudemment.

En effet, le baron de Maubert, — nous l'appellerons ainsi désormais, — portant encore la fausse barbe et la houppelande de toile perse, accessoires obligés de l'un de ses rôles, s'occupait à empaqueter des billets de banque et des amas de papier timbré.

A la vue des deux jeunes gens, il poussa un cri de surprise et d'effroi, et, faisant un bond vers la porte, il chercha à se dérober par une prompte fuite au péril qui le menaçait.

Mais Salluces avait prévu ce mouvement, et déjà il se trouvait entre le baron et la porte, dont il poussa les verroux intérieurs, rendant ainsi impossible l'arrivée de Camisard, si M. de Maubert avait la fantaisie assez vraisemblable d'appeler à son aide ce fidèle serviteur.

Ainsi forcé dans ses retranchements, le baron ne perdit point la tête et résolut de payer d'audace.

— Ma foi, Messieurs, — fit-il d'un air dégagé, que démentait cependant le tremblement léger de sa voix, — je ne m'attendais guère à vous recevoir ainsi tous les deux à la fois. — A quel heureux hasard dois-je attribuer le plaisir de votre visite imprévue?

Ni Salluces ni Raphaël ne répondirent.

— A propos, — continua M. de Maubert en désignant sa barbe, — je pense que maintenant que mon cher pupille est parfaitement renseigné sur mon compte, cet accessoire est inutile.

Et, tout en parlant, le baron jetait loin de lui la toison postiche qui couvrait le bas de sa figure.

Puis il reprit :

— Eh bien, Messieurs, franchement j'aime autant cela ! — du moins ainsi nous causerons à visage découvert. — Puis-je savoir ce qui vous amène?

— Pardieu ! — répondit Salluces, — ce

qui nous amène est bien simple. — Nous venons réclamer de vous dix-sept lettres volées que vous allez nous rendre.

— Oh! oh! — fit le baron, — vous allez vite en besogne, mes petits enfants!!

— Nous attendons! — fit Raphaël.

— Si vous attendez ces lettres, mon cher pupille, — continua M. de Maubert, — je crains bien que vous n'attendiez longtemps. — Je ne les rendrai pas.

— Vous ne les rendrez pas??

— Non.

— C'est ce que nous allons voir! — s'écria Raphaël en faisant un pas vers M. de Maubert.

— Patience! — dit Salluces en s'adressant à son compagnon, — tâchons d'abord de faire entendre raison à ce cher baron.

— Ce sera difficile, — répliqua ce dernier.

— Moins peut-être que vous ne le pensez. — Nous avons apporté avec nous des arguments irrésistibles...

— Cinq cent mille francs? — demanda le baron.

— Mieux que cela.

— Quoi donc?

— Ceci...

Et Salluces tira de sa poche les pistolets qu'il arma avec le plus grand calme.

Le baron se mit à rire.

— Vous trouvez que c'est drôle, — dit Salluces.

— Extrêmement. — Croyez-vous me faire peur avec ces petits instruments, par hasard? — Je ne donnerai point les lettres, et vous ne toucherez pas un cheveu de ma tête, par l'excellente raison que vous ignorez l'endroit où sont cachés ces précieux autographes, et que, moi mort, la police en inventoriant mes papiers, y trouverait la signature de madame la duchesse de La Tour-du-Pic, ce qui ne manquerait pas de faire un éclat que vous serez, j'en suis sûr, enchantés d'éviter.

— Nous avons prévu le cas, monsieur le baron, et nous avons trouvé un moyen d'y remédier.

— En vérité?

— C'est comme j'ai l'honneur de vous le dire.

— Et quel est ce moyen, je vous prie? — fit M. de Maubert d'un air narquois.

— Dans le cas où vous persévéreriez dans le refus de livrer les lettres, — nous commencerions par vous tuer, comme ce chien qui valait mieux que vous!...

Et Salluces indiquait du doigt le cadavre de *Stop*, gisant dans un coin de la chambre.

— Puis ensuite? — demanda le baron avec un sourire.

— Ensuite, comme il ne faut point en effet que les lettres se retrouvent, nous mettrions le feu à la maison et nous nous en irions par où nous sommes venus. — Voilà tout.

M. de Maubert ne souriait plus. — Il était pâle.

— Cependant... — voulut-il dire.

Raphaël l'interrompit en s'écriant:

— Assez! Monsieur! assez! — Ces lettres,— oui ou non ?

— Vous me volez! — murmura M. de Maubert.

Salluces et Raphaël haussèrent les épaules.

— Oui, vous me volez! — continua le baron; — ces lettres étaient bien ma propriété, ma légitime propriété! — Je les avais payées assez cher! — Et qui donc maintenant me remboursera des sommes énormes que j'ai prodiguées pour cette affaire! Savez-vous bien que Raphaël me coûte plus de cent mille francs! — savez-vous bien que je vais être ruiné! —Voyons, mes enfants, mes amis, — soyez raisonnables, partageons ensemble le gâteau.....

Raphaël mit en joue M. de Maubert.

— Voici les lettres, — se hâta de dire ce dernier, dont les dents claquaient de frayeur; — les voici, les voici. — Ah! les hommes sont bien ingrats!!!

Et il tendit à Raphaël un petit paquet qu'il prit dans une cachette pratiquée dans le mur, et dissimulée par un amas de vieux vêtements.

— Comptez si elles y sont toutes, — dit Salluces.

— Toutes, oui, toutes!! — s'écria le jeune homme avec les transports d'une indicible joie.

— C'est bon, — répondit Salluces. — Maintenant, à autre chose.

— Autre chose?? — répéta M. de Maubert.

— Parbleu! — répliqua le comte.

— Que voulez-vous encore...?

— Les fausses signatures surprises par vous à M. le vicomte et à moi.

— Vous y tenez?

— Énormément.

— Les voilà. — Et pour le coup j'espère que vous me trouverez assez dépouillé et que vos exigences auront une fin?

— Nous n'en demandons pas davantage, et nous vous quittons, monsieur le baron de Maubert, en vous souhaitant très sincèrement de ne jamais vous rencontrer sur notre chemin car nous ne pourrions résister au désir de vous traiter comme on traite les gens de votre sorte.
— Et, sur ce, au revoir !

Raphaël et Salluces sortirent.

M. de Maubert, resté seul, se frotta les mains avec une joie sinistre en s'écriant tout haut :

— Pauvres sots!!

## XLIV

SALLUCES ET RAPHAEL.

— Eh bien, Raphaël, — dit M. de Salluces à son compagnon en sortant de la maison du boulevard Saint-Martin, — maintenant me pardonnerez-vous?...

— Tout est pardonné! tout est oublié! — s'écria le jeune homme avec effusion. — Je ne veux plus voir en vous que mon sauveur et mon ami, — le meilleur, le plus dévoué de mes amis! — Donnez-moi votre main, laissez-moi la serrer!...

Et cette fois Salluces tendit avec bonheur sa main à Raphaël.

— Mais, — poursuivit ce dernier, — à présent que, grâce à vous, je suis sauvé, — il me semble que j'ai comme un remords...

— Lequel?

— Celui de n'avoir pas puni comme il méritait de l'être, — le misérable que nous quittons... — Écraser un pareil reptile eût été, je le crois, rendre un immense service à la société tout entière!

— Oui sans doute, mais, croyez-moi, — quand on fait échouer ainsi que nous venons de le faire les sinistres projets d'un tel gredin, ce gredin trouve son châtiment dans son impuissance même. — C'est comme le chacal enchaîné, qui voudrait mordre et qui ne peut pas!...

§

Cependant les deux jeunes gens arrivèrent au logis de Raphaël.

Les allées et les venues que nous venons de raconter avaient employé plusieurs heures, et déjà la nuit approchait.

Raphaël, épuisé de fatigue, brisé par les meurtrissures qu'il avait reçues le matin, et n'étant plus soutenu d'ailleurs par l'énergie fébrile et nerveuse qu'il puisait dans l'imminence même du péril, sentait ses forces l'abandonner pour faire place à un état de complète prostration.

Il cherchait vainement à lutter contre cette défaillance physique qui triomphait de lui, malgré lui-même.

Salluces s'aperçut des efforts inutiles de son compagnon, et il lui demanda :

— Qu'allez-vous faire, Raphaël ?

— Mais, — répondit le vicomte, — je voudrais aller prévenir la duchesse de ce qui se passe et l'arracher aux mortelles inquiétudes qui doivent la dévorer...

— Vous n'y songez pas?

— Pourquoi donc?

— Vous montrer en ce moment à l'hôtel du faubourg Saint-Honoré, chercher même à faire parvenir une lettre à votre maîtresse, serait une haute imprudence.

— Alors, quel parti prendre?

— Attendez d'abord que la nuit soit venue; vous avez sans doute un moyen clandestin de vous introduire dans l'hôtel?...

— Oui sans doute, — répondit Raphaël,

qui se souvint de la clef du jardin que Justine lui avait remise le matin même et qu'il avait conservée.

— Eh bien, un peu avant minuit, vous irez trouver la duchesse et vous lui raconterez tout.....

— Mais, — s'écria Raphaël, — d'ici là, que va-t-elle devenir?...

— Elle va pleurer et souffrir. — Cela est évident, et je ne chercherai point à le nier, mais, voyez-vous, mon cher ami, l'essentiel était qu'elle fût sauvée, et elle l'est. — le reste importe peu! — N'allez pas maintenant, par une impardonnable imprudence, risquer de la compromettre de nouveau...

— Vous avez raison... et pourtant...

— Pas un mot de plus, Raphaël; — laissez-moi vous diriger et soyez sûr que je conduirai votre barque à bon port.

— Après ce que vous venez de faire pour moi, je m'abandonne complètement à vous.

— Et vous avez raison! — Soyez un peu raisonnable, que diable! — Vous êtes pâle à faire peur, — vos dents claquent, — vos yeux disparaissent au fond de leur orbite, et vos jambes tremblent sous vous.

— C'est vrai, je souffre beaucoup.

— Vous allez vous jeter sur votre lit...

— Dormir!! — interrompit Raphaël.

— Oui, parbleu, dormir! — il le faut. — Deux ou trois heures de bon sommeil vous remettront sur pied. — Je veillerai pour vous, et, quand le moment sera venu d'aller rassurer la duchesse, je vous réveillerai.

— Vous me le promettez?...

— Sur l'honneur...

— Eh bien, mon ami, je vais suivre votre conseil et je crois que je m'en trouverai bien, car en ce moment il me semble que je vais mourir.

— Hâtez-vous donc, — mais auparavant buvez ceci...

Et Salluces présenta à Raphaël une coupe en cristal de Bohême, remplie jusqu'au bord de vin de Madère.

Le vicomte prit le verre et le vida d'un trait, puis, presque étourdi par ce breuvage, il se laissa tomber sur son lit.

Au bout de trois minutes il dormait profondément.

— Allons! — se dit Salluces en le regardant, — décidément il y a plus de plaisir à faire le bien que le mal!

Ensuite, comprimant, non sans peine, un éclat de rire ironique qui lui venait aux lèvres, il ajouta tout bas:

— Je crois, Dieu me pardonne, que je

deviens moraliste! — moi, le comte de Salluces! en vérité c'est fort drôle!!

§

Il était onze heures et demie du soir.

Salluces qui, tout en fumant un certain nombre de cigarres, avait vidé presqu'en entier un grand carafon de vin de Madère, se souvint tout-à-coup que le nègre Acajou devait être plus que jamais enfermé dans le réduit obscur dont nous avons parlé.

Il prit une bougie sur la cheminée et

sortit de sa chambre pour aller délivrer le domestique infidèle.

En approchant de la porte du cabinet, il s'étonna d'abord de n'entendre ni mouvements ni gémissements.

Cette résignation d'Acajou était au moins suspecte.

Le nègre se serait-il évadé??

Tout en se faisant cette question, Salluces approcha la clef de la serrure, — il fit jouer le pêne, et la porte s'ouvrit brusquement, comme si elle avait été poussée depuis l'intérieur.

En même temps une masse inerte s'affaissa lourdement sur le plancher, devant Salluces.

Il examina cette masse.

C'était le corps d'Acajou.

Les yeux du nègre, — vitreux et sans regards, — sortaient de leur orbite.

Ses membres étaient raidis et contournés comme à la suite de violentes convulsions.

Salluces, épouvanté, mit sa main sur le cœur d'Acajou.

Ce cœur ne battait plus.

Le nègre était mort faute d'air.

— Oh! justice de Dieu et des hommes! — murmura Salluces, — comme te voilà bien! — Entre le baron de Maubert et ce malheureux domestique, tu as à choisir ta proie, et c'est celui-ci que tu frappes!! — Oh! justice! justice! tu n'es que dérision et folie!!

Après cette *imprécation* soi-disant philosophique,—qu'on pourrait croire empruntée aux romans fatalistico-socialistes de M. Eugène Sue, si les romans de M. Eugène Sue avaient existé à cette époque, — le comte de Salluces regagna la chambre de Raphaël, d'abord afin de prévenir ce dernier du tragique évènement qui venait d'arriver, et ensuite parce que le moment était venu d'aller trouver Mathilde au faubourg Saint-Honoré.

Raphaël dormait encore.

Salluces s'apprêtait à lui toucher légèrement l'épaule pour l'arracher à ce profond sommeil.

Il n'en eut pas le temps.

Un bruit subit et inattendu, — un incident bizarre se chargea de cette tâche.

## XLV

**UNE LETTRE.**

Une des vitres de la croisée se brisait en mille pièces, et ses éclats jaillissaient jusqu'auprès du lit, tandis qu'un caillou de dimension moyenne, qui venait d'être lancé depuis le dehors, roulait sur le tapis.

Salluces tressaillit.

Raphaël s'éveilla en sursaut.

— Qu'est-ce donc? — demanda-t-il.

— Je ne sais, — répondit Salluces, — mais nous allons bien voir.

Et il ramassa le caillou qui était enveloppé d'une feuille de papier.

— Une lettre... — fit-il.

— Une lettre?... — répéta Raphaël.

— Oui, — l'écriture du baron.

— Oh! mon Dieu! — Donnez, mon ami, — donnez vite, j'ai peur!

Raphaël étendit sa main tremblante et

prit le papier que lui présentait Salluces.

Ce dernier semblait, lui aussi, inquiet et soucieux.

— Quelle nouvelle infamie allons-nous apprendre? — dit-il.

Raphaël lisait.

A mesure qu'il avançait dans sa lecture, ses traits se décomposaient davantage et on voyait de grosses gouttes de sueur ruisseler sur son front.

Quand il eut achevé, il se laissa retomber anéanti sur le bord du lit en murmurant :

— Allons ! — c'est le coup de grâce !!

Salluces lui prit la lettre des mains.

Voici ce qu'il lut à son tour :

« Parole d'honneur, mon cher vicomte, tu peux te vanter d'être une fière canaille !!

« Tu t'es conduit avec moi comme un *clampin !* — passe-moi le mot !

« Cette lettre commencera ta punition, dont la suite, d'ailleurs, ne se fera pas longtemps attendre.

« Récapitulons un peu, s'il te plaît, ce que nous avons fait l'un pour l'autre depuis que nous nous connaissons.

« Nous verrons après si c'est de ton côté ou du mien que les bons procédés font pencher la balance.

« Je serai bref.

« Non pas cependant que je n'aye beaucoup de choses à te dire....

« Mais des occupations *graves,* très graves, EXCESSIVEMENT GRAVES, réclament tout mon temps.

« Ces occupations te concernent plus que tu ne le penses, mon cher vicomte....

« Mais patience, — nous y arriverons bientôt.

« Lorsque je te rencontrai dans le jardin du Palais Royal tu étais pauvre comme un rat d'église, — tu n'avais ni sou ni maille, tu mourais de faim et tu songeais à te noyer.

« Je te donnai à manger, — je te donnai des vêtements, — je te donnai de l'argent, — je te donnai des meubles, — des chevaux, des voitures, — que sais-je encore?

« Grâce à moi, grâce à moi seul, toi, le méchant bâtard de quelque soubrette mise à mal par un valet de bonne maison, toi que les bagnes réclamaient pour tes hauts faits des bois de Ville-d'Avray et de la fête du pont de Kelh, tu as pris dans le monde une charmante et excellente position!

« Tu n'avais qu'à former un souhait, — j'étais pour toi pareil au bon génie des contes arabes, — ce souhait se trouvait exaucé comme par enchantement.

« Tu dépensais sans compter. — Je suffisais à tout.

« Je jetais en l'air des bourses pleines d'or, — elles retombaient dans ta poche.

« Heureux gaillard !! — Double imbécile !!

« Un jour, tu t'éprends d'une femme, — l'une des plus belles et des plus nobles de Paris....

« Sans moi, que serait-il arrivé !

« Tu aurais passé des jours, des mois, des années, à t'absorber stupidement dans la contemplation de cette femme.

« Tu aurais fait comme ces pauvres faméliques qui se nourrissent de l'odeur d'un repas succulent auquel ils n'osent pas toucher.

« Qu'ai-je fait, moi ?

« J'ai mis dans ton lit la grande dame jusqu'à laquelle tes vœux n'osaient monter qu'à peine.

« Je t'ai donné pour maîtresse la duchesse Mathilde de La Tour-du-Pic...!!

« Un père aurait-il fait plus ? — aurait-il même fait autant pour son propre fils... ??

« Non sans doute.

« Eh bien, cher vicomte, comment m'as-tu payé de tout cela, s'il te plaît ?

« Je vais te le dire.

« Un jour est venu où j'ai éprouvé le besoin de rentrer dans les avances énormes prodiguées par moi et englouties pour tes menus plaisirs...

« C'était un désir bien naturel, et légitime, s'il en fut !

« J'avais poussé la délicatesse jusqu'à ne me servir de toi qu'à ton insu, de façon à ne te point compromettre aux beaux yeux de ton adorée...

« Et voici que ta première action est d'accourir chez moi, en compagnie d'un autre gredin qui ne le portera point en paradis, sois-en sûr.

« Là, vous me poussez dans un guet-apens que vous croyez sans issue, et vous me contraignez le pistolet sur la gorge à vous rendre les seuls titres qui puissent me donner la chance de rentrer dans mes avances.

« Ah pouah !!

« Raphaël, mon ami, c'est canaille et c'est bête !

« Oui, c'est bête, car *tu es volé*, mon pauvre garçon, — volé et dupé comme un dindon que tu es :

« TU N'AS PAS TOUTES LES LETTRES!

« Entends-tu bien et comprends-tu bien cette petite phrase, cher ami??

« Je ne sais quel instinct intérieur m'avertissait de me méfier de toi.

« Je devinais presque ce qui est arrivé.

« Aussi j'avais eu le soin de prendre mes précautions.

« J'avais copié l'une des lettres, — en imitant l'écriture, bien entendu.

« Tu possèdes en ce moment cette copie, au lieu et place de l'original.

« Assure-toi de l'exactitude de mon assertion en compulsant tes précieux autographes.

« La lettre copiée est celle qui porte le n° 12, — la plus compromettante de toutes.

« J'ai eu soin de l'écrire sur du papier beaucoup plus bleu que toutes les autres, afin de faciliter tes recherches.

« Quant à l'original dont je te parlais tout à l'heure, tu sauras fort incessamment ce qu'il est devenu.

« Voilà à peu près tout ce que j'avais à te dire, mon cher vicomte.

« Il est fort probable que nous ne nous rencontrerons jamais, aussi je profite de cette dernière causerie pour t'engager à méditer sur les dangers de l'ingratitude, — sur l'instabilité des choses humaines, — et sur les inconvénients des correspondances amoureuses.

« Je me rappellerai prochainement au bon souvenir de notre ami commun monsieur le comte de Salluces.

« Et, en attendant, je te serre la main avec la plus affectueuse cordialité.

« Jacob-Ismaïl-van-Gripp, baron de Maubert. »

— Peut-être a-t-il menti ! — s'écria Salluces qui se rattachait à un dernier espoir, — Raphaël, voyez donc, si parmi les lettres de la duchesse, vous trouverez le billet dont il vous parle.

Raphaël détacha le cordon qui liait ensemble les lettres de Mathilde.

Monsieur de Maubert avait dit vrai.

La douzième était écrite en effet sur un papier dont la teinte bleuâtre ne ressemblait que fort peu à celle des seize autres.

De plus l'écriture, quoiqu'imitée avec une prodigieuse habilité, offrait, à un œil prévenu, certaines dissemblances presqu'imperceptibles, mais suffisantes cependant pour ne pas permettre un instant de doute.

— Ainsi donc, — murmura Salluces complètement démoralisé par cette catastrophe à laquelle il était si loin de s'attendre, — ainsi donc tout ce que nous avons fait aujourd'hui n'aura servi qu'à pousser cet homme vers son but avec une ardeur nouvelle, — l'ardeur de la vengeance!!

Puis les deux jeunes gens restèrent, pendant quelques minutes, anéantis et comme pétrifiés. —

## XLVI

**CINQ CENTS MILLE FRANCS.**

—Ecoutez, mon ami, — dit tout-à-coup Raphaël à M. de Salluces, — il ne me reste qu'un parti à prendre, — il est désespéré, mais je veux le tenter.

— Parlez, — répondit Salluces, — et fallut-il risquer ma vie pour vous venir en aide, je vous jure que je le ferai.

— Nous allons descendre aux écuries et atteler l'un de mes chevaux à mon cabriolet.

— C'est facile.

— Nous gagnerons les Champs-Elysées et vous resterez près de la voiture pendant que je m'introduirai dans le jardin de l'hôtel au moyen d'une clé que voici...

— Et ensuite ?...

— Je parviendrai jusqu'à Mathilde, — je trouverai dans mon amour et dans mon désespoir des paroles assez puissantes pour la décider à fuir avec moi. — Si elle refuse de se rendre à la persuasion, j'emploierai la violence, je la sauverai malgré elle, — je la prendrai dans mes bras, je la porterai jusqu'au cabriolet où je prendrai place à côté d'elle, et je l'arracherai ainsi à la vengeance de son mari qui serait sans pitié...

— Où irez-vous avec elle?...

— Je n'en sais rien, — nous nous cacherons dans quelque village des environs de Paris en attendant qu'il nous soit possible de quitter la France.

— Avez-vous de l'argent?

— Quelques centaines de francs, voilà tout.

— Nous passerons chez moi et je vous

donnerai le peu que je possède en ce moment. — Malheureusement je ne suis pas bien riche, mais, aussitôt que vous serez en sûreté, je m'arrangerai de façon à emprunter le plus possible et je vous ferai parvenir tout l'argent que je me procurerai ainsi.

Raphaël serra de nouveau la main de M. de Salluces.

Puis il ajouta :

— Descendons.

Tous les jeunes gens de vie et d'habitudes élégantes sont aussi habiles dans l'art d'harnacher un cheval que les palefreniers les plus experts.

Au bout de cinq minutes, *Miss-Arabelle*, — une fine trotteuse s'il en fût, — piaffait entre les brancards du léger tilbury de Raphaël.

Dix nouvelles minutes ne s'étaient pas écoulées, que déjà le rapide équipage s'arrêtait dans les Champs-Elysées, en face de la grille circulaire qui entourait le jardin de l'hôtel.

La nuit était sombre.

De grands nuages, courant sur la surface du ciel, échancraient presque sans cesse le disque blafard de la lune.

Le silence le plus profond régnait dans l'air et sur la terre, coupé seulement, à de longs intervalles, par le refrain bachique d'un ivrogne regagnant son gîte, ou par les appels étouffés des rôdeurs nocturnes, exerçant sous les grands arbres des Champs-Elysées leur immonde industrie.

Raphaël sauta à bas de la voiture.

Il ouvrit la petite porte, puis il disparut derrière les ombrages touffus du jardin.

Sur la vaste façade de l'hôtel on ne voyait qu'une seule fenêtre éclairée, et encore cette lueur était-elle faible et indécise.

§

Ce même jour, à neuf heures du soir,

M. de La Tour-du-Pic se préparait à sortir.

Il était contrarié et inquiet, car Mathilde, prétextant une indisposition subite, — bien justifiée d'ailleurs par l'extrême abattement de sa physionomie, — avait refusé de paraître au dîner et s'était enfermée dans son appartement.

Un valet de pied vint prévenir le duc qu'il y avait dans l'antichambre un homme qui desirait lui parler.

— Quel est cet homme? — demanda M. de La Tour-du-Pic, le connaissez-vous?

— C'est la première fois que nous le

voyons à l'hôtel, — répondit le domestique.

— Allez vous informer de ce qui l'amène et, si c'est un solliciteur, dites que je ne puis recevoir en ce moment.

Le valet sortit.

Au bout d'une minute il revint et présenta au duc un morceau de papier sur lequel étaient écrites ces lignes :

« *Celui qui écrit ces lignes a l'honneur de prier monsieur le duc de La Tour-du-Pic de vouloir bien lui accorder immédiatement quelques moments d'entretien.*

« *Il s'agit des* AFFAIRES D'INTÉRIEUR *de monsieur le duc.* »

Les mots : *affaires d'intérieur* étaient deux fois soulignés.

Le duc tressaillit.

— Introduisez ce visiteur, — dit-il, — je le recevrai dans mon cabinet.

Au bout d'un instant, M. de La Tour-du-Pic et le baron de Maubert se trouvaient en présence.

Le Janus de la rue Meslay était méconnaissable.

Passé maître dans la science des travestissements ingénieux, le ci-devant protecteur du vicomte Raphaël avait composé tout son physique de manière à tromper sans difficulté les regards les plus clairvoyants.

Une perruque brune couvrait sa tête,— ses moustaches étaient rasées,— et une couche de bistre étendue sur son visage lui donnait l'aspect d'un mulâtre.

Une longue redingotte boutonnée jusqu'au cou et une grosse canne, attachée au poignet par une courroie de cuir tressé, devaient tout d'abord le faire ranger dans l'honorable catégorie des agents de police.

Il salua militairement le duc de La Tour-du-Pic, lequel ne répondit à ce salut que par une inclination de tête très légère, et se tint debout, ne voulant pas encourager son visiteur à s'asseoir.

M. de Maubert ne tint compte de ce muet avertissement, qu'il remarqua cependant à merveille.

Il attira à lui un fauteuil dans lequel il s'établit, et il entama l'entretien en ces termes :

— Je vais avoir l'honneur, monsieur le duc, de vous entretenir d'un sujet fort important et infiniment délicat ; — veuillez donner quelques ordres pour qu'il ne soit possible ni de nous interrompre ni de nous écouter.

— Nous ne serons ni épiés ni interrompus, Monsieur, — répondit le duc avec une nuance d'impatience ; — vous pouvez donc parler sans crainte ; — seulement, soyez bref, je vous en prie, car j'ai peu de temps à vous donner.

M. de Maubert fit un signe d'assentiment et reprit :

— Vous doutez-vous, monsieur le duc, du sujet qui m'amène ?...

— Pas le moins du monde ; — le billet que vous m'avez fait parvenir m'annonce que vous avez à m'entretenir de mes *affaires d'intérieur,* et j'avoue que j'ai peine à m'expliquer...

— Comment, moi, qui vous suis totalement inconnu, je puis avoir la prétention d'être initié aux mystères de votre intérieur?— interrompit le baron de Maubert.

— Précisément.

— C'est facile à expliquer. — Mais d'abord, une simple observation : — Si un étranger, — un quidam, le premier venu, moi par exemple, — venait vous dire : — *Monsieur le duc, votre femme vous trompe!* — que feriez-vous?

Le duc devint pâle comme un linceul.

Puis il répondit d'une voix tremblante d'émotion ou de colère :

— Je ferais rouer de coups et jeter par la fenêtre le misérable qui oserait porter devant moi une accusation aussi infâme et qui n'aurait pas de preuves pour la soutenir !!!

— Mais, — répliqua M. de Maubert, — s'il les avait ces preuves ?...

Le duc hésita.

Cette hésitation fut courte, car presqu'aussitôt il fixa sur son interlocuteur un regard d'une profondeur effrayante, et il s'écria :

— Allons, Monsieur, ni phrases, ni détours, — marchez droit au but, et si vous avez quelque chose à me dire contre la duchesse ma femme, dites-le moi tout de suite !...

— La duchesse vous trompe, — articula nettement le baron de Maubert.

— La preuve ? Monsieur ! la preuve ???

— Elle existe.

— Donnez-la moi !

— Il y a une difficulté, monsieur le duc.

— Laquelle ?

— C'est que la preuve dont il s'agit, je

ne veux pas la donner, mais la vendre.

— La vendre!! — murmura le duc avec stupeur.

— Mon Dieu, oui.

— Mais cette preuve, Monsieur, quelle est-elle?

— Tout ce qu'il y a de plus complet et de plus détaillé. — Une lettre de madame la duchesse à son amant.

— Son amant!! — répéta M. de La Tour-du-Pic avec un cri de rage et un soubresaut nerveux.

— Une lettre infiniment claire et significative, — poursuivit le baron, — un véritable corps de délit pour un procès en adultère.

— Et, — demanda le duc, — combien voulez-vous de cette preuve ?

— Cinq cent mille francs.

— Vous dites ?...

— Je dis : *cinq cent mille francs.* — Il n'y a pas à marchander. — Peut-être trouvez-vous que ce soit cher, mais c'est à prendre ou à laisser ; — seulement, si nous nous entendons (comme je n'en doute pas) je vous nommerai le jeune homme par-dessus le marché, et je vous raconterai toute l'histoire de ses amours avec votre femme.

En ce moment, la colère de M. de La Tour-du-Pic, colère longtemps contenue, éclata tout à coup.

Il fit deux pas pour se rapprocher du baron, devant lequel il s'arrêta, l'œil menaçant et le bras levé.

Puis, il s'écria d'une voix rauque et brisée :

— Ah! misérable que vous êtes! misérable! lâche et menteur! mais vous n'avez donc pas compris que je lisais au fond de votre pensée, où se cache je ne sais quelle épouvantable spéculation ; — vous n'avez donc pas compris que je ne vous croyais pas, que j'allais vous chasser honteusement, — et que je vous chasse en effet; car, si vous restiez ici une minute de plus, je sens bien que je vous tuerais !

M. de Maubert ne se déconcerta point.

Il se leva, — salua avec le plus grand calme le duc, qui arrivait alors au paroxisme de la rage et fit quelques pas pour s'éloigner.

Le duc l'arrêta brusquement :

— Ecoutez, — lui dit-il, — dites-moi

que vous avez menti, dites-moi que cette preuve n'existe pas, et je vais vous donner cent mille francs !!

— Je n'ai pas menti, — répondit M. de Maubert; — cette preuve existe, et je l'ai sur moi, — là, dans mon portefeuille.

— Voulez-vous me la montrer?

— Je ne vous la montrerai que si vous me l'achetez.

— Mais vous ne songez donc pas que je pourrais sonner mes gens, leur donner l'ordre de vous fouiller et vous enlever ainsi cette lettre prétendue?...

— Je vous en défie, monsieur le duc!

— Et pourquoi cela, Monsieur?

— Parce que, moi, je dirais à vos gens ce que contient la lettre que vous voudriez me voler.

— Monsieur, — dit le duc après un instant de silence, — je vous achète cette lettre.

— Payez-la, monsieur le duc.

— Vous comprenez que je n'ai pas cinq cent mille francs chez moi...

— Je le comprends à merveille, mais vous avez un banquier?

— Oui.

— Eh bien! ma confiance en vous est si grande, que je vous demande tout simplement de me signer un mandat sur votre banquier, mandat payable au porteur et à vue, en me donnant votre parole d'honneur qu'il y sera fait honneur à présentation. — En échange de votre signature sur un carré de papier, je vous remettrai l'autographe que voici.

M. de La Tour-du-Pic écrivit et signa.

— Donnant, donnant, — fit le baron en

prenant le bon et en posant sur la table la lettre de Mathilde.

Le duc y jeta un coup-d'œil et chancela.

Il ne pouvait plus douter ! — Hélas ! la vérité était là, devant lui, dans sa nudité éclatante et hideuse.

Sa main tremblante fit un signe au baron pour l'engager à se retirer.

M. de Maubert obéit à ce geste ; mais, en quittant le duc, il laissa tomber cette dernière parole :

— J'ai promis de vous nommer l'amant de votre femme, monsieur le duc, et je tiens ma parole. — C'est le vicomte Raphaël !

## XLVII

UN DÉNOUEMENT.

Après le départ de M. de Maubert, le vieux duc resta pendant près d'une heure absorbé dans une sorte d'engourdissement physique et moral, les coudes appuyés sur son bureau, la tête enfoncée dans ses mains et les yeux fixés sur la lettre fatale.

Au bout de ce temps il se leva, et, avec la raideur de mouvements d'un automate ou d'un somnambule, il se dirigea vers sa chambre à coucher.

Sur l'un des meubles de cette pièce était posée une boîte à pistolets.

Le duc l'ouvrit.

Il en tira les armes qu'elle contenait et qui, par hasard, se trouvaient chargées.

Il en examina soigneusement la batterie et en renouvella l'amorce.

Ensuite il revint s'asseoir à son bureau

et, sur une grande feuille de papier il écrivit les lignes suivantes :

## CECI EST MON TESTAMENT.

« *Je donne mon âme à Dieu.*

« *Je lègue ma fortune aux pauvres, — tout entière, sans restrictions, — sauf un legs de dix mille francs, une fois payés, à chacun de mes domestiques.*

« *Je demande qu'on fasse dire des messes pour le repos de mon âme et pour celui de l'âme de madame la duchesse Mathilde de La Tour-du-*

*Pic, ma femme, morte le même jour que moi.*

« *Fait à Paris, sain de corps et d'esprit...,*

Le duc data et signa ce court testament puis il le mit dans une enveloppe qu'il ne cacheta point, et, quittant de nouveau son cabinet de travail, il se dirigea vers les appartements de Mathilde.

Nous avons déjà dit que la jeune femme s'était enfermée chez elle.

Monsieur de La Tour-du-Pic frappa à la porte.

Personne ne répondit.

Il frappa plus fort — il appela.

Même silence.

Alors il appuya son épaule contre le panneau frêle et sculpté qui s'opposait à son passage, et, avec cette force nerveuse que dans certaines circonstances les vieillards savent retrouver, il jeta la porte en dedans.

Il s'attendait à trouver la chambre déserte.

Sans doute Mathilde s'était enfuie avec son amant. — Telle avait été sa première pensée.

Mais, point.

Deux bougies brûlaient sur la cheminée.

Dans la pénombre formée par les rideaux de l'alcôve, on voyait la jeune femme étendue sur le lit, dans un état de complète immobilité.

Le duc posa ses pistolets sur une table.

Ensuite il s'approcha du lit.

— Mathilde... — dit-il.

La duchesse ne répondit pas et ne fit aucun mouvement.

— Mathilde... — répéta le duc, en prenant la main blanche et fluette qui pendait à côté du lit.

Cette main était raide et glacée.

Monsieur de La Tour-du-Pic poussa un cri d'effroi.

Il saisit un des flambeaux de la cheminée et revint auprès de sa femme.

Mathilde était morte, et morte depuis plus de deux heures, car les beaux traits de son visage avaient pris déjà des teintes bleuâtres et violacées.

Sur la couverture en désordre se voyaient deux objets.

Un flacon vide et une lettre.

L'étiquette du flacon portait ces mots :
*Laudanum de Rousseau.*

La lettre était adressée au duc de La Tour-du-Pic.

Le malheureux vieillard rompit lentement le cachet et lut ce qui suit :

« Mon ami,

« *Plutôt que de vous voir à un autre,* —

m'avez-vous dit un jour, — *je vous tuerais.*

« Ces paroles sont mon arrêt de mort.

« Je vous ai trompé, — j'ai déshonoré vos cheveux blancs, — j'ai souillé votre nom...

« Je suis sans excuse et j'accepte humblement le châtiment que je mérite.

« Seulement je ne me sens point le couroge d'affronter vos reproches et votre juste colère.

« Vous m'avez condamnée, — j'exécute la sentence.

« Vivante, vous m'auriez maudite, — morte, pardonnez-moi.

« Pardonnez-moi et priez pour moi, — Justice est faite...

« Mathilde. »

— Pauvre femme ! — murmura le duc en portant à ses lèvres la main froide de la jeune morte, — comme elle a dû souffrir !!

Il alluma à la flamme de l'une des bougies et réduisit en cendres la lettre que nous venons de reproduire.

Il s'agenouilla au pied du lit et pria Dieu

avec son cœur et avec ses lèvres, pour cette femme qui était morte et pour lui qui allait mourir.

Ensuite il arma un des pistolets qu'il avait apportés et il en approcha le canon de sa poitrine.

Déjà son doigt allait s'appuyer sur la détente, quand un bruit soudain lui fit retourner la tête.

Il n'était plus seul auprès du cadavre de Mathilde — Raphaël venait d'entrer dans la chambre, et, pâle, effaré, il contemplait d'un œil hagard le spectacle qui s'offrait à lui.

A la vue du jeune homme M. de La Tour-du-Pic sentit une volupté sauvage lui gonfler la poitrine et un cri de joie farouche s'échappa de ses lèvres.

Il bondit jusqu'à Raphaël, le saisit par le poignet, le traîna jusqu'auprès du lit mortuaire, et là, lui montrant d'un geste terrible le corps inanimé de Mathilde il lui dit d'une voix basse et vibrante :

— Elle était jeune, elle était belle, elle était adorée ! — voilà ce que vous en avez fait ! — assassin ! assassin !

Raphaël tomba à genoux.

— Vous m'avez volé l'amour de cette

femme ! — continua le duc avec un redoublement d'énergie — vous m'avez volé la vie de cette femme ! — vous êtes un voleur! entendez-vous bien, un voleur!!

—Ayez pitié de moi! —murmura Raphaël, —ayez pitié de moi!!

—Non, point de pitié! poursuivit le duc — point de pitié pour un assassin, pour un voleur et pour un lâche! — Oui, un lâche, car vous ne m'avez volé mon bien que parce que vous saviez que j'étais un vieillard et parce que vous vous étiez dit que je ne me défendrais pas! — Eh bien! vous vous étiez trompé, car vous allez mourir!!

— Oh! Monsieur! —cria Raphaël, — tuez-moi, mais ne m'insultez pas!!

— Parlez moins haut dans la chambre d'un mort! — dit M. de La Tour-du-Pic d'une voix impérieuse, — respectez au moins ce cadavre!

Il se fit un instant de lugubre silence, puis le vieux duc reprit en s'approchant de la table sur laquelle étaient les pistolets :

— Non, Monsieur, non, je ne vous tuerai pas sans défense! — je ne suis point un assassin comme vous, moi! — nous allons nous battre, Monsieur, ici, — à l'instant même...

— Avec vous!! — murmura Raphaël, — avec vous! jamais!...

— Êtes-vous donc lâche à ce point que vous refusiez un duel avec celui que vous n'avez pas craint d'attaquer dans son honneur et dans son bonheur? pour vous faire battre, Monsieur, faudra-t-il vous souffleter??

Et M. de La Tour-du-Pic, joignant l'action aux paroles, frappa deux fois de suite Raphaël au visage.

Puis il ajouta :

— Vous battrez-vous, maintenant?...

— Dieu m'est témoin que je ne le voulais pas !! — s'écria le jeune homme.

M. de La Tour-du-Pic abattit le bassinet de l'une des armes et en enleva l'amorce.

Ensuite il jeta son mouchoir sur les deux pistolets et dit à Raphaël :

— Choisissez. — Ce duel est le jugement de Dieu ! Nous tirerons à bout portant; — l'un des deux seulement tombera, et ce sera vous, Monsieur !...

— Je l'espère, — répondit Raphaël.

Les deux hommes se placèrent à trois pas l'un de l'autre.

Ils pressèrent à la fois la détente de leurs armes.

Un seul coup partit.....

M. de La Tour-du-Pic, la poitrine traversée par une balle, roula sur le tapis.

Il voulut parler.

Une écume sanglante lui vint aux lèvres et l'empêcha de prononcer une parole.

Ses yeux se voilèrent.

Il était mort.

Raphaël, fou d'épouvante, — Raphaël, se croyant le jouet d'un horrible cauchemar ou d'une vision infernale, — laissa tomber son pistolet et s'enfuit.

Salluces l'attendait toujours.

Le vicomte passa près de lui sans le reconnaître.

Il allait du côté de la Seine.

# ÉPILOGUE.

ÉPILOGUE.

Trois heures du matin sonnaient à toutes les horloges de Paris.

Le ciel était devenu de plus en plus sombre et les grands nuages menaçants se dissolvaient en une pluie fine et serrée.

Un homme, accoudé à l'un des parapets du Pont-Royal, regardait d'un œil hagard les flots noirs et boueux qui se brisaient en écumant contre les arches massives.

Quelquefois il passait sa main sur son visage, et cette main, quand il la retirait, était baignée de larmes.

Soudain, un bruit de pas se fit entendre à l'une des extrémités du pont.

L'homme qui regardait couler l'eau tressaillit à ce bruit.

Il posa son chapeau à côté de lui, puis,

enjambant le parapet, il se précipita dans la Seine.

L'eau jaillit sous le poids du corps qui la frappait, — un grand cercle rida la surface des flots, — mais le courant était impétueux et le fleuve reprit sa course.

Raphaël, — car c'était lui, — fut tiré de son délire par la sensation glaciale et douloureuse qui tordit toutes les fibres de son corps.

L'instinct de la conservation reprit le dessus.

Il songea à gagner le bord.

Il rassembla tout son courage et se mit à lutter contre le courant avec une énergie désespérée.

Mais la violence et le tourbillon des flots le repoussaient plus avant au milieu du fleuve.

Il se débattit ainsi pendant dix minutes entre la vie et la mort avec une fureur héroïque.

Le courant l'entraînait toujours.

Lorsqu'il eut épuisé, contre son terrible ennemi, toute sa force et toute sa rage, il fit un suprême effort.

Il se souleva au-dessus de l'eau, battit une dernière fois les flots de ses bras défaillants, puis se laissa retomber dans sa couche humide comme dans un linceul mouvant.

Mais le hasard, — cet arbitre suprême des destinées humaines, avait décidé que Raphaël ne mourrait point.

Le courant qui l'emportait, après l'avoir roulé pendant quelques instants, le jeta évanoui sur la rive.

Aux premiers rayons du jour, des pêcheurs trouvèrent son corps inanimé, que des soins intelligents pouvaient cependant rendre à la vie.

On le sauva.

Il ne sortait, du reste, d'un premier péril que pour tomber dans un autre aussi redoutable.

Une fièvre ardente, accompagnée d'un délire effrayant s'empara de lui au moment même où il semblait reprendre connaissance.

Comme on n'avait trouvé dans ses vêtements aucune indication de nom ni de domicile, on le porta à l'Hôtel-Dieu.

Il y fut pendant deux mois entre la vie et la mort.

Au bout de ce temps sa convalescence commença.

Elle fut longue.

Enfin, il put quitter l'Hôtel-Dieu.

Il voulut reprendre possession de son logement du boulevart.

Pendant son absence on s'était présenté en son nom, muni de pouvoirs qui portaient sa signature, le loyer avait été payé et tous les meubles avaient disparu.

Il se rattacha à son ardent désir de vengeance et s'informa du baron de Maubert.

Le baron de Maubert avait quitté Paris et personne ne savait ce qu'il était devenu.

Il courut chez M. de Salluces.

M. de Salluces, — six semaines avant ce moment, — avait été frappé d'un coup de couteau dans le cœur, à onze heures du soir, en plein boulevart des Capucines.

La mort avait été instantanée.

La justice informait, — mais sans résultats.

Ainsi Raphaël se trouvait de nouveau sur le pavé de Paris, — seul, — sans argent, — sans vêtements, — sans logis et sans protecteurs.

Décidément, Raphaël était né sous une étoile néfaste, et la vie bohémienne de ses premières années allait recommencer pour lui, avec des regrets et des remords de plus.

Nous le retrouverons bientôt dans une nouvelle période de son existence aventureuse et bizarre. —

Vous qui nous avez suivi jusqu'ici, ami lecteur, nous suivrez-vous encore...?

Franchement, nous l'espérons.

FIN DES CONFESSIONS D'UN BOHÈME.

UNE ICARIE EN 1780.

Le cachet principal de la révolution de 1848 est l'impuissance et la stérilité.

La république moderne n'a rien inventé, — rien créé, — rien produit ! — pas une idée, — pas un système, — pas même une innovation de détails et de forme.*

Le bonnet rouge, — les manifestations,

---

* Nous nous trompons, la république a innové la *forme* du chapeau des gardiens de Paris, mais cette coiffure chère à Caussidière, et qui faisait ressembler les ex-sergents de ville à des Tyroliens, à des brigands calabrais ou à des comparses d'opéra-comique, n'a guère vécu que ce que vivent les roses.

les commissaires, — les circulaires, — les clubs, — la *Marseillaise*, — la *Carmagnole*, — et les Montagnards, datent du siècle dernier.

Sous les monarchies, plus ou moins constitutionnelles, les *bourgeois* n'ont jamais cessé d'adorer le vin bleu, le veau froid et la salade, le tout assaisonné de conversations ou plutôt de divagations politiques.

Le pugilat parlementaire, qui semble prendre racine dans nos mœurs, est importé d'outre-Manche.

Enfin, le *socialisme* n'est qu'une vieille parade jouée, avec un titre nouveau, devant un public, toujours le même, de niais, de gobe-mouches et d'habiles fripons.

Ni Fourrier, — ni Considérant, — ni Cabet, — ni Proud'hon n'ont imaginé le

*Phalanstère*, l'*Icarie*, et la *Banque d'échange*.

Ils ont copié et paraphrasé tout simplement les rêveries de leurs devanciers. En voici la preuve.

Comme je passais, — il y a de cela quelques jours, — sur le quai des Vieux-Augustins, devant l'étalage en plein vent de l'un des bouquinistes qui font de ce lieu une véritable *morgue* littéraire, où viennent s'amonceler les produits oubliés et inconnus de la librairie ancienne et moderne, je mis la main par hasard sur un vieil in-12, à tranches rouges, relié en parchemin moisi.

Sur la première page je lus :

**LES CONTEMPORAINES,**
OU
AVENTURES DES PLUS JOLIES FEMMES
DE L'AGE PRÉSENT.
Recueillies par N***,
Et publiées par TIMOTHÉE JOLY, de Lyon,
dépositaire de ses manuscrits.

Imprimé à LEIPSICK,
par BUSCHEL, marchand libraire ;
Et se trouve à Paris, chez BÉLIN, rue Saint-Jacques, près celle du Plâtre, et chez l'éditeur, rue de Bièvre.
1780.

J'achetai le volume et je l'emportai chez moi.

Ce N*** n'est autre, il faut le dire, que l'imprimeur romancier *Restif de la Bretonne*, jadis illustre, aujourd'hui presque aussi inconnu que les citoyens feuilletonistes de la *République* et du *Peuple*, ce qui prouve, une fois de plus, combien passent vite les gloires du monde, car Restif de la Bretonne, l'un des écrivains les plus désastreusement féconds qui aient jamais existé, a produit *le paysan perverti*, — *la paysanne pervertie*, — *les Nuits de Paris*, — *le pornographe*, — *la découverte australe*, — et de plus deux ou trois cents volumes de romans et de nouvelles où l'immoralité du fond le dispute, avec un étrange cynisme, à l'obscénité des détails.

Or, parmi les douze historiettes contenues dans le tome premier des *Comtemporaines*, il s'en trouve une, portant ce titre :
Les associés, *nouvel ordre des maçons, plus utile que l'ancien.*

Cette *nouvelle,** que nous allons mettre sous les yeux de nos lecteurs, contient en germe tout ce qui s'est dit et vociféré depuis le 24 février, à propos des associations de travailleurs, au Luxembourg, — dans les banquets, — dans les journaux rouges et jusqu'à la tribune de l'assemblée constituante.

Elle débute majestueusement par cette

---

\* Le mot *nouvelle* ne signifie point ici œuvre de pure imagination. Restif de la Bretonne basait toutes ses historiettes sur des faits connus et parfaitement authentiques.

imprécation ou dithyrambe dans le genre pindarique :

« Paris ! séjour tout à la fois de délices et d'horreurs ! — tout à la fois gouffre immonde où s'engloutissent les générations entières, et *temple auguste de la sainte-humanité !*

« Paris, tu es l'asile de la raison, — de la *vraie philosophie,* — *des mœurs,* — aussi bien que la patrie du goût et des arts.

« Qui croirait, — à entendre *réciter* ton nom dans les climats glacés du Nord, où seul il donne l'idée de la joie, qui croirait qu'il y a dans ton sein des *cafards,* des misanthropes, des *hypocrites,* des *superstitieux,* des *tyrans,* des *fanatiques,* des *préjugistes,* qui pensent qu'il est des hommes plus qu'hommes, et des hommes moins que les bêtes !

« Semblable au soleil, ô Paris, tu lances

au dehors la lumière et la bienfaisante chaleur, *tandis qu'au dedans tu es obscure et peuplée de vils animaux!* \*

« Qu'entends-je ; chez le vil provincial ? — Non chez le gentillâtre seulement, fier de ses vains titres, mais chez le *bourgillon,* sorti *seulement hier de la fange où rampent encore ceux qu'il méprise.* Qu'entends-je \*\* ?

« — *Comment! ce n'est que la fille d'un cordonnier, et cela se donne des airs d'être propre, d'avoir une coiffure !!*

« Ils vont (je l'ai entendu) jusqu'à dire : — *d'être jolie !*

« Infâmes ! Cette fille n'est-elle pas fille

---

\* Le soleil est-il donc intérieurement obscur et peuplé de *vils animaux ?*

\*\* D'après Restif, écrivain démocrate et socialiste, la classe qui est au-dessous des *bourgeois,* c'est-à-dire le *peuple, rampe* donc *dans la fange ?* — O logique!

d'un homme ? — Est-elle fille d'un singe, d'un ours ou d'un chien !

« O malheureux ! elle viendra peut-être, cette révolution terrible où l'homme utile sentira son importance, et *abusera* de la connaissance qu'il en aura : où le laboureur dira au seigneur :

« *Je te nourris, je suis plus que toi ; riche, grand inutile au monde, sois-moi soumis ou meurs de faim.*

« Où le cordonnier rira au nez du petit-maître qui le priera de le chausser et le forcera de lui dire :

« — *Monseigneur le cordonnier, faites-moi des chaussures et je vous paierai bien !*

« — *Non, va nu-pieds, je ne travaille plus que pour celui qui peut me fournir du pain, des habits, de l'étoffe, du vin, etc...*

« Malheureux provinciaux, — *vils automates, insensés préjugistes,* qui flétrissez les gens utiles, qni les forcez de languir dans l'isolement et le mépris, que je vous hais[*]!

« Vous haïr c'est trop vous honorer! Non, que je vous méprise, que vous me faites de pitié!! »

Mais hâtons-nous d'entrer, sans plus de préambules, dans le vif de notre récit, et commençons ce travail d'arrangement, qui consistera tout simplement à dépouiller de sa forme par trop démocratique, le style du sieur de la Bretonne, inventeur de l'orthographe naturelle, laquelle veut qu'on écrive les mots comme on les prononce, et précurseur du SOCIALISME, cette doctrine aimable qui, si l'on en croit Proudhon le grand-prêtre et les Greppos ses dignes vicaires, accomplira le tour du

---

[*] Il est bon de remarquer que les républicains rouges de 1848 affectent pour la province un mépris à peu près égal à celui de Restif.

monde après avoir fait de bien doux loisirs à notre belle France!

———

Dans une petite rue du quartier Saint-Martin, demeuraient, en l'an de grâce 1780, un certain nombre de particuliers exerçant tous les états différents dont voici l'énumération :

1° Un marchand drapier; — 2° Un mercier; — 3° Un quincaillier; — 4° Un coutelier; — 5° Une marchande de modes; — 6° Une maîtresse couturière; — 7° Une lingère; — 8° Un marchand de vin; — 9° Un boulanger; — 10° Un boucher; — 11° Un cordonnier; — 12° Un tailleur; — 13° Un chirurgien; — 14° Un médecin; — 15° Un procureur; — 16° Un avocat; —

17° Un huissier ; — 18° Un chapelier ; — 19° Un loueur de carrosses ; — 20° Enfin, un orfèvre-bijoutier ; — En tout, comme on le voit, vingt familles.

Ces citoyens avaient fait *une salutaire confédération contre le malheur et la corruption,* — ils étaient parvenus, par une institution sage, à se mettre au-dessus de *tous les besoins de la vie* de *tous les caprices du sort,* en un mot, autant qu'il est possible, au-dessus des *vicissitudes humaines*.[*]

Le premier auquel était venue l'idée de l'association dont nous allons exposer le but et les moyens, était celui que nous avons cité le dernier dans la liste des professions, c'est-à-dire l'orfèvre-bijoutier.

Il avait vingt-cinq ans, il s'appelait Philoctète Germinot et c'était un grand

---

[*] Toutes les fois que nous aurons à citer textuellement l'original, nous imprimerons la citation en *italique*.

garçon, vigoureux quoique blond, et dont la figure ouverte, les yeux bleus et les joues roses, annonçaient la franchise, la bienveillance et la santé.

Avons-nous besoin d'ajouter que Philoctète était passionnément amoureux, comme il convient à tout adolescent blond et rose?

L'objet de sa *tendre flamme*, Pétronille Delorme, fillette de seize ans, la plus jolie du monde, brune et colorée, avec de longs cheveux et de grands yeux noirs et vifs, et cependant tendres, appartenait à de très-honorables parents.

La famille de Pétronille et celle de Philoctète étant unies par des liens de voisinage et de bonne amitié, les jeunes gens se voyaient tous les jours depuis bien des années et s'aimaient depuis six mois.

C'était entre eux la passion la plus

chaste et la plus ingénue qu'il fût possible d'imaginer.

Philoctète et Pétronille filaient en paix le parfait amour.

Les dimanches soirs, ils se donnaient des rendez-vous sous les futaies du bois de Boulogne, — au pied des moulins à vent de la butte Montmartre ou dans les blés mûrs de la plaine Saint-Denis.

Là, ils passaient le temps à se tenir la main dans la main et à se répéter : — *Je t'aime !* sur tous les tons et avec toutes les variantes d'usage.

Ou bien, ils écoutaient la chanson du rossignol amoureux, et se juraient, sur les nuages qui passaient au ciel, une éternelle fidélité.

Ces amants vertueux songeaient au mariage et rien qu'au mariage.

Philoctète, confiant dans l'avenir, n'avait pas même l'idée d'empiéter sur ses futurs droits de mari.

Les plus considérables faveurs qu'il eût obtenues de Pétronille consistaient en quelques baisers et autres *menus suffrages* (comme dit le curé de Meudon), et encore plutôt dérobés qu'accordés.

Cependant si grande que fut leur innocence, ils cachaient de leur mieux leurs mutuelles tendresses, par la raison toute simple que le premier instinct du cœur veut qu'on se cache pour aimer.

Mais, hélas! — pas plus dans la vie réelle que dans les romans et dans les vaudevilles, il n'est de passion sérieuse à l'encontre de laquelle ne viennent se jeter des obstacles.

Les deux familles s'aperçurent de l'amour de leurs enfants; elles se consultèrent entre elles, et le résultat de cette commune délibération fut que Philoctète n'était point assez riche pour épouser Pétronille, qu'il fallait qu'il s'attachât à certaine veuve de trente-deux ans au plus, encore fraîche et fort avenante, possédant, en outre de ses appas personnels, deux cents bonnes mille livres de fortune nette et liquide, dont elle pouvait absolument disposer.

Dans le même *sénatus-consulte*, il fut décidé que l'aimable Pétronille épouserait le fils d'un riche libraire du Palais-Royal, jeune homme quasi-imbécile, mais bien doté, qui recherchait mademoiselle Delorme et s'estimerait heureux de la prendre pour femme.

Cet arrêt rendu, il restait à le signifier aux amants, et comme les honnêtes parents ne voulaient point agir en despotes, ils résolurent d'en exposer solennellement les motifs.

On prit jour.

La famille Delorme se rendit au grand complet chez M. Germinot le père, sous le prétexte assez vraisemblable d'une invitation à dîner; puis, après le repas, on passa dans la belle chambre aux rideaux de serge verte qui se trouvait derrière la boutique.

Chacun s'assit, excepté le maître de la maison, qui prit l'air digne et magistral d'un avocat au parlement, et qui, après avoir humé lentement une double prise de Macouba, commença à peu près en ces termes :

— Mes enfants...

Philoctète et Pétronille tressaillirent.

M. Germinot continua, sans remarquer cette émotion, ou sans en tenir compte :

—Un père est un père, ceci est incontestable, et ce qui ne l'est pas moins, c'est que la paternité impose de grands devoirs, de très grands devoirs...

Les *époux* Delorme firent de la tête un signe approbatif.

— Ces devoirs, nous les connaissons,— poursuivit l'orateur, — et le principal est, sans contredit, d'avoir toujours un œil ouvert sur la conduite des progénitures qui nous ont été envoyées par la Providence.
— Or, cet œil paternel ne s'est jamais fermé, et nous nous sommes aperçu qu'il y avait entre vous, Pétronille Delorme, et vous mon fils, Philoctète Germinot, plus d'intimité que n'en comportent les douces lois de la simple amitié...

Pétronille devint rouge comme une pivoine, et le beau nuage pourpre de la jeune pudeur envahit successivement son cou, ses joues et jusqu'à son front.

Philoctète se leva vivement en s'écriant :

— Mon père !...

— Monsieur mon fils, je vous prie de vous taire et de m'écouter, — dit Germinot d'une façon péremptoire.

Philoctète courba la tête et se rassit.

En ces temps-là, les enfants savaient encore obéir !

— Donc, vous vous aimez, — poursuivit l'orateur, évidemment flatté de cette soumission passive, qu'il attribuait à l'effet de son éloquence ; vous vous aimez, et voilà le mal !!

« Certes, si vous aviez tous les deux une suffisante richesse, je vous dirais sans plus tarder — *Mes chers enfants, épousez-vous bien vite !* — Et ce serait un heureux mariage, car, vous êtes de braves jeunes gens; mais nous ne sommes pas riches, et vous ne l'êtes pas plus que nous...

« Tout ce que nous pouvons faire, en travaillant beaucoup, c'est de joindre, bon an mal an, les deux bouts, et de ne jamais trouver la huche sans farine, ni le garde-manger vide, pendant trois cent soixante-cinq jours, à commencer du 1er janvier jusqu'à la Saint-Sylvestre...—Jugez donc, mes enfants, des tristes conséquences d'une union entre vous, si nous faisions la folie d'y consentir, ce dont Dieu nous garde!

« La fortune, en effet, n'est-elle pas nécessaire, quand on a reçu une certaine éducation et qu'on possède un état honnête?

« Sans argent, que devenir, et qui aura confiance en vous?

« Quel chagrin pour vous, mon fils Philoctète, de vous trouver un jour, faute d'argent, sans travail, sans crédit, et par conséquent sans pratiques ?

« Quel chagrin surtout, quel désespoir horrible et profond de posséder une épouse *aimable et vertueuse, chef-d'œuvre de la nature et de l'amour,* pour la voir étiolée et croupissant dans la misère non seulement elle, mais ses enfants, ses petits-enfants, et jusqu'à ses arrière-petits-enfants, innocentes victimes de l'inconsidération de leurs pères et mères, grands-pères et grand'mères, en ligne ascendante paternelle et maternelle...

« Voilà, ma chère Pétronille, voilà, monsieur mon fils, quelles sont les raisons, les raisons infiniment sérieuses qui nous déterminent à refuser notre consentement à un mariage qui, sans cela, comblerait tous nos vœux.

« Il serait inutile de chercher à nous faire revenir sur cette résolution ; elle est irrévocable ; nous avons d'ailleurs songé pour vous à d'autres partis, convenables de tout point, et à l'égard desquels nous avons à peu près engagé notre parole.

« Donc, il est urgent de couper court à une familiarité et à des badinages, innocents sans doute jusqu'à cette heure, mais qui ne tarderaient point à devenir dangereux.

« Pour cela faire, mes enfants, vous ne vous verrez plus, jusqu'après le jour du double mariage qui doit prochainement vous séparer à tout jamais ! »

Ayant ainsi parlé, M. Germinot essuya son front qu'avait mis en sueur cette improvisation laborieuse.

Puis il ouvrit sa tabatière, massa et savoura une deuxième prise de Macouba, tout en se comparant à Cicéron qu'il n'avait jamais lu, mais dont il avait quelquefois entendu parler.

Pétronille fondit en pleurs.

Elle avait caché sa jolie tête dans ses deux mains, et de grosses larmes, coulant à travers ses petits doigts fins et blancs, tombaient une à une sur sa belle jupe de soie à ramages.

Philoctète se leva très ému. Il s'inclina respectueusement devant l'aréopage qui venait de prononcer son arrêt, et il dit :

— Voulez-vous me permettre, mon père, de répondre, par quelques observations, à vos raisonnements...

— Non, monsieur mon fils, interrompit l'orfèvre je ne vous le permets pas !

—Cependant...

— Il n'y a pas de *cependant* qui tienne ! toutes les phrases que vous nous débiteriez seraient en pure perte, il vaut donc infiniment mieux que vous vous absteniez dès l'abord !

— Mais mon père...

— En voilà assez ! — Un mot de plus, et il y en aurait trop !

L'orfèvre, on le voit, poussait un peu loin le fanatisme de l'autorité paternelle.

— M. Delorme désapprouva cette excessive rigueur, et intervint dans le débat :

— Il me paraît juste — dit-il — que cet excellent garçon nous explique ses raisons. — Je doute fort qu'il puisse nous convaincre, mais enfin, s'il en vient à bout, tant mieux pour lui.

— Est-ce là votre avis, voisin ?

— Oui, sans doute.

— Tant pis! car il est l'indice d'une certaine faiblesse de caractère; mais enfin, soit, il sera fait selon vos désirs.— Monsieur mon fils, vous avez la parole.

Et Germinot le père, s'asseyant majestueusement, se prépara à ne point écouter.

Heureux de l'autorisation qu'il venait de recevoir (et qu'il aurait peut-être prise si on la lui avait refusée), Philoctète, animé d'ailleurs par l'amour et le sentiment de ses propres forces, commença ainsi avec une fermeté mâle du meilleur augure.

— Vous nous avez dit tout-à-l'heure, mon père, que la fortune était indispensable, alors qu'on avait reçu une certaine éducation et qu'on possédait un état honorable... Mais, oubliez-vous donc que l'éducation est un trésor, le plus rare, le plus précieux, de tous les trésors, et qu'un état honorable, honorablement exercé, est à lui seul une véritable fortune !

« Vous avez parlé de l'affreux désespoir qui s'emparerait de moi en me voyant sans travail, sans crédit, sans avenir, en regardant mon *épouse adorée* s'étioler et croupir dans la misère, elle, ses enfants, et jusqu'à ses petits-enfants...

« Ce tableau est bien sombre en effet, mon père, et bien horrible, mais heureusement les teintes en sont chargées, ou plutôt rien de ces tristes pronostics ne peut s'adresser à moi.

« Cela ne regarde, en effet, croyez-le, que les maris lâches, sans énergie, sans industrie, sans courage ! Pour moi, je trouve trop riche encore celle que j'aime, et que cependant vous dites pauvre ! — J'aurais voulu lui faire un sort avec mon seul patrimoine, quelque mince qu'il puisse vous paraître, j'aurais voulu montrer à mon amie, par ma conduite pleine de tendresse et de dignité, que l'homme est le soutien de la femme et qu'elle n'a pas besoin d'apporter son dîner quand elle s'associe à un homme véritablement homme !!

Après avoir débité ce qui précède d'un ton pathétique et convaincu, Philoctète s'approcha de Pétronille, et ajouta avec un beau mouvement oratoire :

— Non, mademoiselle, je n'avance rien que je ne sois en état de tenir ! Je connais mon courage, ma tendresse, ma capacité ! — je vous réponds du nécessaire, et pour nous et pour nos enfants ; — quant au surplus, vous n'en désirez pas !!

Le père Germinot, qui avait écouté malgré lui, fut tout ému de cette péroraison, et, pour cacher son trouble, il se moucha bruyamment.

— Qu'avez-vous à répondre, mon père? — demanda Philoctète en se tournant vers lui.

— Mais si tu meurs! s'écria l'orfèvre attendri... — si tu meurs, que deviendra ta femme...?

— Si je meurs...

— Oui.

— Eh bien! me donnerait-on celle que j'aime si je trouvais un moyen de parer à cet inconvénient?

— Un moyen de ne pas mourir? — dit Germinot stupéfait.

— Non, — répondit Philoctète avec un sourire — mais un moyen de laisser à ma femme l'aisance après moi... dans le cas où le malheur que vous prévoyez se réaliserait.

— Oui! — s'écrièrent à la fois M. et madame Delorme — si vous trouvez cela, Pétronille est à vous!

— J'y vais donc travailler...

— Faites.

— Et dès que j'aurai réussi, je viendrai réclamer la parole que vous me donnez en ce moment....

— Vous le pourrez.

— Oh! merci, *bienfaisants mortels!* — s'écria Philoctète avec transport, — et, prenant la main de Pétronille, il dit, en la portant tendrement à ses lèvres :

— Nous serons unis, mademoiselle! Comptez sur moi. Je ne suis pas un fanfaron; je veux parler par des effets!!

On ne put s'empêcher de grandement applaudir à la mâle fermeté du jeune homme; et, sans autres précautions, les parents de mademoiselle Delorme la lui auraient donnée incontinent, tant ils avaient de confiance en lui.

Mais Germinot persista à soutenir contre tout et contre tous qu'il ne saurait consentir à exposer la fille de ses amis, la fille qu'il estimait le plus au monde, à partager la misère de son fils, qu'en conséquence il fallait attendre.

C'est à ce dernier parti qu'on dût s'arrêter et qu'on s'arrêta en effet.

———

Dès le lendemain de la scène que nous venons de raconter, Philoctète s'occupa de réaliser ses promesses.

Il avait eu des camarades de collège qui tous l'avaient beaucoup aimé, parce qu'il était d'un caractère naturellement doux, facile et obligeant.

Chacun de ces camarades avait pris un état conforme à ses inclinations, ou s'était laissé guider par ses parents, ou enfin avait obéi à la nécessité.

Philoctète, qui avait déjà son plan tout entier dans l'esprit, résolut de chercher la trace de ces camarades perdus de vue depuis quelques temps, et de revoir ceux en qui, jadis, il avait trouvé le plus de bon sens et d'énergie virile.

Le premier dont il s'enquit fut un gros garçon de bonne humeur, lequel apprenait difficilement, mais n'oubliait rien de ce qui s'était une fois logé dans sa lourde caboche.

Ce garçon se nommait Balduc.

Philoctète s'informa de lui et le trouva maître boucher, profession peu libérale, mais qu'il avait prise pour succéder à son père et ne pas réduire à rien le douaire de sa mère et les dots de ses sœurs, en changeant d'état et en s'exposant aux pertes qui accompagnent toujours ce changement. — Il faisait très bien ses affaires.

L'amant de Pétronille lui communiqua son projet.

Balduc le goûta, et comme il était garçon et par conséquent le maître absolu de sa personne et de ses actions, il prit aussitôt vis-à-vis de Philoctète un engagement positif.

Le second, que les deux premiers cherchèrent et découvrirent ensemble, était d'un caractère froid, juste et solide.

En raison même de sa froideur, il poussait presque l'indifférence jusqu'à l'insensibilité; mais il avait de l'esprit, du jugement et beaucoup de pénétration.

Il était médecin, et médecin habile.

Philoctète lui exposa son projet avec

quelque détail, comme il avait fait à Balduc.

— Trouvez tous les membres qu'il faut pour votre association, — leur dit maître Lafaye (c'était le nom du médecin), et soyez sûrs que je serai des vôtres, — le plan que vous m'avez soumis me paraît excellent et bien motivé, cependant je me réserve de l'examiner encore et plus à loisir.

— A ton aise, — répondit Philoctète, — je t'en enverrai ce soir une copie. — Mais dis-moi, saurais-tu par hasard l'adresse de quelques-uns de nos anciens condisciples ?...

— Je n'ai conservé de relations qu'avec un seul.

— Lequel?

— Le jeune Rigal, vous savez?

— Ah! ah! celui qui passait tout le

temps de ses récréations à disséquer des hannetons?

— Justement.

— Et que fait-il aujourd'hui?

— Il est chirurgien.

— Décidément, c'était sa vocation.

— Je le crois; — mais voyez-le c'est un très bon garçon.

Germinot et Balduc allèrent aussitôt chez Rigal, en emmenant avec eux, un peu malgré lui, le docteur Lafaye.

Ils trouvèrent le jeune chirurgien en tablier blanc, les manches retroussées, le scalpel entre les dents et fort occupé à anatomiser un pendu.

Ils lui exposèrent le plan de l'association et en firent ressortir à ses yeux les avantages probables.

Le docteur, qui avait pris la parole pour donner des explications, se pénétrait lui-même, tout en parlant, de la force de ses raisonnements, et s'exprimait avec cette chaleur singulière, propre aux gens flegmatiques lorsqu'ils sont convaincus.

— Je ne puis m'égarer en suivant les pas de mon digne confrère, le docteur Lafaye, — répondit Rigal, — et je suis tout à vous! — Allons, mes amis, unissons-nous! unissons-nous le plus promptement possible et formons une société amie et heureuse, au milieu de cette *tourbe* de méchants et d'envieux qui nous entourent!!!

On applaudit à l'enthousiasme du néophyte et on le pria de s'employer à recruter des adeptes. (On dirait aujourd'hui: *faire de la propagande socialiste*).

— A ce propos, ajouta-t-il, je me souviens que j'ai saigné ces jours derniers un de nos vieux amis, Alexandre Bel. — Il est marchand de vin à deux pas d'ici.

— Je crois qu'il fait bien ses affaires et qu'il a conservé l'honnête manière de voir qu'il avait au collège. — Allons chez lui, s'il vous plaît.

Ils s'y rendirent tous les quatre.

Belles reçut avec transport et en se félicitant mille fois de les voir réunis dans sa maison.

Il ne voulut rien entendre à jeun, il força ses visiteurs à s'attabler; il leur servit son meilleur vin, et ce fut en *sirotant* du royal *Romanée* et en sablant du *Saint-Péray* couleur d'ambre qu'on lui détailla le projet d'association.

— Voilà qui est parfait! — s'écria-t-il en frappant des mains, quand on eut achevé. — J'en suis, comptez sur moi.

Ensuite, il indiqua la demeure d'un sixième ami, M. Lequint, marchand drapier, avec lequel il n'avait jamais cessé d'entretenir une liaison suivie.

On remit au lendemain pour aller voir ce dernier, et, après un commencement de journée si satisfaisant, chacun se retira chez soi afin de vaquer à ses occupations.

Mais Bel, qui était devenu un aussi ardent propagandiste que Germinot lui-même, à cause des innombrables avantages qu'il croyait avoir entrevu dans l'association proposée, s'en alla trouver le drapier de son propre mouvement.

Il lui exposa le plan, — la manière de vivre qu'on adopterait, — la communauté de biens, etc., etc... — il l'aurait convaincu sans doute, — cependant il lui conseilla lui-même d'attendre, pour se déterminer, la visite de leurs anciens camarades.

Ces derniers parurent le lendemain vers les deux heures de l'après-midi.

Philoctète Germinot parla d'abord, ensuite le docteur donna carrière à son éloquence et fut secondé par le chirurgien.

Lequint interrompit Rigal.

— Je suis au fait, — dit-il, — Alexandre Bel est venu hier, il m'a tout expliqué et je vous approuve fort, mais je pense qu'il serait essentiel que nous ayons dans notre société un avocat et un procureur...

— Pourquoi faire, grand Dieu!! — s'écria Lafaye, — nous ne plaiderons certainement pas les uns contre les autres!

— Ceci est positif; aussi n'est-ce pas pour employer entre nous leur ministère que je réclame la présence des hommes de loi, mais bien pour nous prémunir contre les chicanes injustes qu'on pourra nous susciter.

— A ce point de vue, vous avez peut-être raison.

— Notre ancien camarade Dermilly est avocat, — poursuivit Lequint, — et Simonot, comme nous appelions *l'écrivain public*, s'est fait procureur, adressons-nous à eux.

On alla sur-le-champ les trouver.

Maître Dermilly écouta gravement le plan de Philoctète. — Il y corrigea quelque chose et approuva le reste.

Quant à Simonot, le procureur, avec cet esprit méticuleux, particulier aux gens de sa profession, il fit une foule d'objections et d'observations qui occasionnèrent des changements importants.

Ensuite, il *adhéra* (comme disait messire Proudhon, du temps de feu la *Banque du Peuple*).

Tandis qu'on s'occupait à modifier ainsi l'acte primitif, Simonot envoya chercher un autre camarade de collège nommé Delatouche, qui était huissier, et avec lequel on renouvela connaissance, et, enfin, après trois autres jours de courses et de démarches, on parvint à compléter le nombre vingt.

Puis, on indiqua un jour de convocation générale chez l'avocat Dermilly, pour faire une lecture du plan déjà lu, corrigé, et approuvé par chacun des membres en particulier.

Le procureur Simonot en avait fait transcrire vingt copies par ses clercs; on en donna une à chacun, et on prit huit jours pour le dernier examen.

Il est inutile de rapporter ici les débats et les discussions suscités par la confection définitive du règlement. — Il suffit de dire qu'il fut enfin agréé, pour le fond, tel que Philoctète Germinot l'avait d'abord conçu. On en revint à ses idées, et les changements que firent Dermilly et Simonot ne concernèrent que la forme.

Voici ce règlement.

Il est indispensable de le mettre du moins en partie sous les yeux de nos lecteurs, avant d'exposer quels en furent les effets.

C'est d'ailleurs, à plus d'un titre, une œuvre éminemment curieuse.

L'*en-tête* suivant précédait les articles:

« *Plan revu et corrigé, proposé par Philoctète Germinot à ses dix-neuf anciens amis de collège, et par iceux accepté pour établir entre eux une association de biens, d'affaires, d'occupations et de plaisirs, dans la vue de se mettre au-dessus des revers trop ordinaires de la fortune, des grandes et des petites peines du mariage et généralement de toutes les vicissitudes de la vie, qui résultent de la constitution sociale.* »

---

« Nous soussigné, avons résolu de former entre nous une union de biens, de moyens, d'industrie et d'affections, afin de nous entr'aider, soulager, supporter et servir mutuellement, en santé comme en maladie et même après la mort, dans nos personnes comme dans celles de nos femmes et de nos enfants, à toujours, sans que rien puisse rompre et dissoudre la première union, que nous jurons et promettons observer et garder, daus les termes et avec les clauses ci-après énoncés, que nous avons consentis, après mûre délibération, et dont chaque article peut et doit être regardé comme l'ouvrage de chacun de nous.

« Au nom de la sainte humanité, nous... (suivaient les noms), tous frères, tous égaux, quoique de conditions différentes, voulons êtres unis, — soumis, — liés, — obligés, — par le réglement suivant :

PREMIER ARTICLE.—*Communauté parfaite.*

« Les associés mettent en commun, dès ce moment, tout leur avoir, sans aucune restriction ni réserve, n'ayant, lesdits associés, aucun égard au plus ou au moins de richesses d'aucun d'entre eux (si cette inégalité se trouvait).

« Pareillement, toutes les successions qui échéeront à un chacun des vingt associés profiteront à l'association en corps.

« Pareillement, toutes dettes, même celles contractées antérieurement, seront acquittées par ladite association. »

2ᵉ ARTICLE. — *Égalité des épouses.*

« Les épouses des associés seront parfaitement égales entre elles, régissant et administrant l'intérieur des maisons et du commerce des associés, sous le vu néanmoins et l'inspection des deux associés nommés, lesquels deux associés ne pourront faire aucun changement ni emploi sans l'autorisation de l'assemblée générale.

« Les épouses administreront tour à tour, pendant le cours de l'année, suivant le tableau qui en sera dressé; l'année étant, pour cet effet, divisée sur ledit tableau, placé dans la salle des repas, en vingt parts égales. »

### 5ᵉ ARTICLE. — *Enfants.*

« Les enfants seront élevés à frais communs, et l'on aura soin, autant qu'il sera possible, de les rendre capables et bien instruits.

« Ils s'uniront ensemble un jour, par mariage, sans aucun égard pour la profession des pères, c'est-à-dire que la fille du médecin ou de l'avocat pourra être demandée en mariage et donnée au fils du boucher ou du boulanger.

« Et ne seront point astreints (les enfants) à suivre la profession de leurs pères ; mais, comme enfants communs de l'association et non de tels et tels, ils seront placés à raison de leurs dispositions et capacité; de sorte que le fils du tailleur ou du boucher pourra devenir médecin ou avocat, et le fils du docteur n'être que tailleur, boulanger, ou cordonnier, *s'il est incapable d'autre chose*\*.

« *Sans donner* dans la présente association *trop d'importance aux femmes*\*\*, nous déclarons que leur parfaite égalité entre elles sera la base de celle de leurs enfants. »

4º ARTICLE. — *Mise des femmes et des enfants.*

« Toutes les épouses auront une parure égale, proportionnée à leurs goûts et à *leur*

---

\* Paragraphe tout à fait gracieux pour MM. les tailleurs, boulangers et cordonniers!

\*\* Touchante galanterie! — Oh! Philoctète Germinot, tendre amant de Pétronille, nous ne vous reconnaisons point là!

*genre de beauté,* mais à peu près d'un prix égal.

« Il en sera de même des enfants. »

. . . . . . . . . . . .

### 9e ARTICLE. — *Mœurs.*

« Les mœurs de l'association seront honnêtes, décentes, — *il ne s'y commettra aucun désordre avec les épouses les uns des autres,* mais chaque femme sera considérée par les autres associés, et traitée avec les égards et la politesse que doivent avoir des frères envers des sœurs qu'ils chérissent.

« Il ne pourra y avoir aucune privauté entre les hommes et les femmes de leurs confrères, sans néanmoins qu'on prétende interdire les conversations honnêtes, de se donner le bras indifféremment à la promenade, etc., à moins que le mari ne voulût avoir sa femme *qui lui sera remise à sa première parole.*

« Le luxe sera interdit dans l'association, mais non l'élégance et la propreté, au contraire, chacun sera reçu à proposer les choses les plus agréables, dont la dépense n'excédera pas celle des habits ordinaires.

« Chacun des membres sera astreint à une probité rigoureuse envers le public, de sorte que l'association fournisse toujours des ouvrages plus solides, de la besogne meilleure, en tout genre, que le marchands, ouvriers et artistes ordinaires.

« L'avocat sera véridique, — le médecin non conjectural, — le procureur intègre, etc..., afin qu'un chacun se loue des membres de l'association, sans néanmoins connaître les liens qui unissent les membres les uns aux autres, union dont on fera mystère et qui sera notre secret, comme les *francs-maçons* ont le leur. »

. . . . . . . . . . . . .

21° ARTICLE. — *Lever, repas et mets.*

« On se lèvera à six heures, les hommes, en été, et à sept en hiver ;

« Les femmes se lèveront une heure plus tard.

« Tout le monde sera au déjeûner, en été à huit heures, en hiver à neuf.

« Les femmes auront du café, si elles veulent, les hommes un morceau de pain avec du fruit, ou le déjeûner des femmes. — Les enfants du lait cru avec du pain.

« On dînera, en été, à midi ; en hiver, à une heure.

« Le dîner sera composé d'un potage, qui sera au riz de deux jours l'un, — du bouilli, — d'une entrée et du dessert en fruits de la saison. — Vin de Bourgogne naturel et acheté par l'association même, sur les lieux.

« Le médecin sera chargé de ces achats conjointement avec le marchand de vin, dans la saison où il sera sans malades.*

« Après la lecture faite des gazettes, chacun aura, ou le café, ou un petit verre de liqueur, à son choix.

« Les femmes ne prendront jamais de

---

* Le sage Philoctète Germinot a oublié de mentionner dans son règlement quelle serait l'époque où le médecin se trouverait sans malades. — Nous déplorons ce regrettable oubli.

liqueurs,\* ni les enfants de café ; — ils ne boiront jamais que de l'eau.

« On soupera à huit heures.

« Les mets seront le rôti, bœuf, veau ou mouton. — Une fois par semaine de la volaille.

Avant de se mettre au lit, les hommes prendront, s'il le veulent, un petit verre de liqueur ; — les femmes une limonade, une orange, etc....

« Les enfants seront tous au lit une heure avant les pères et mères, c'est-à-dire à dix heures, et l'on aura cette heure-là pour s'entretenir avec plus de liberté.

« Les époux surveilleront les enfants en cette occasion, et verront à ce que rien ne leur manque.

---

\* Nos femmes socialistes, fort *biberonnes* en général, ne s'accommoderaient point volontiers du présent article.

« Lorsque les garçons seront grands, les pères y auront l'œil. »

. . . . . . . . . . . . . . . . . . . . . .

14ᵉ ARTICLE. — *Education des filles.*

« Les filles seront élevées dans une égalité parfaite et instruites aux ouvrages de femmes, comme la couture, les modes, la lingerie, la dentelle, etc...

« Celles qui auraient des dispositions pour certains arts comme la peinture, la gravure, la musique y seront appliquées.

« Toutes apprendront le dessin, et, en langues étrangères, l'anglais et l'italien.

« Leur vie sera occupée sans être fatigante..... — *L'art de se mettre avec goût leur sera enseigné comme important.* »

15e ARTICLE. — *Mariage.*

« Les enfants des co-associés s'uniront ensemble, autant qu'il sera possible.

« L'association montera le ménage.

« La fille sera sans dot. — Les droits du mari consisteront dans une part en la société, égale à celle des autres membres.

« Les veufs et les veuves qui seront jeunes se remarieront, de l'aveu de l'association, *mais toujours à des étrangères, ou étrangers, à moins que deux jeunes veufs ne s'unissent*. »

---

\* Cet article nous paraît rivaliser avantageusement avec la logique du refrain célèbre :
« Monsieur de Palisse est mort
« En perdant la vie,
« Un quart d'heure avant sa mort,
« Il était encore en vie. »

17e ARTICLE. — *Gains et pécule.*

« Il n'y aura aucun pécule, et personne ne pourra posséder exclusivement la plus légère portion du produit de son travail.

« En effet, si l'avocat, le médecin, le drapier, gagnent davantage dans leurs professions, il faut considérer aussi qu'ils y ont plus d'agrément en dehors de la société, moins de peine corporelle, et qu'ainsi tout est au moins compensé. »

19e ARTICLE. — *Imprudences. — Fautes. — Crimes.*

« Si quelqu'un des membres fait une imprudence qui soit cause d'une perte considérable, on la supportera sans faire aucun reproche que des remontrances amicales et en particulier.

« Si un membre commettait une faute, répréhensible par la justice, toute la société s'emploiera, comme s'il s'agissait d'un chacun d'icelle, avec le même zèle et la même activité.

« Si (par malheur) c'était un crime, soit de quelque membre, soit d'un des enfants (dont préserve le ciel!) l'association recevra cette peine avec résignation, elle tâchera de pénétrer dans l'âme du coupable, et de le consoler, si la malice n'est pas complète, et s'il se repent.

« Elle emploiera tous les moyens possibles pour le sauver, comme un père ferait pour son fils, et si c'est un sujet gangréné, elle l'assistera jusqu'au dernier moment de secours, conseils et exhortations ; mais elle n'implorera pas de grâce, elle réservera toute sa tendresse et sa compassion paternelle pour les père, mère, sœurs, frères ou enfants du malheureux qui n'en deviendront que plus chers à la société. »

21ᵉ ARTICLE. — *Querelles.*

« Si les associés avaient entre eux quelque querelle, soit modérée, soit violente (ce qu'à Dieu ne plaise!) La règle sera d'abord, dans le premier moment, d'adoucir et séparer les parties, ensuite on leur fera des remontrances, et l'on examinera soigneusement lequel a droit. — On réparera le tort à son égard, sans obliger le coupable à des excuses humiliantes, — la société en corps réparera l'offense, après quoi tous deux seront repris avec douceur d'avoir donné du scandale et sérieusement avertis d'éviter une récidive.

« Ainsi fait et arrêté entre nous soussignés le présent règlement, pour être observé selon sa teneur, sans qu'on y puisse désobéir, ni rien changer que d'un avis général.

« Paris, le 1ᵉʳ juillet 1780. »

(*Suivent les signatures.*)

Certes, ces statuts respirent une complète et incontestable bonne foi ; on y trouve les principes d'une morale pure et d'une *fraternité* que nous appellerions *évangelique*, si, depuis quelques temps, les misérables orateurs de la borne et du banquet, les tribuns énergumènes des clubs, et les folliculaires de la presse socialiste, n'avaient fait un étrange et sacrilége abus de l'accouplement des *mots* les plus sacrés avec les *choses* les plus profanes.

Certes, si une association *communiste* avait devant elle quelques chances d'avenir, c'était celle de vingt hommes choisis et honorables, unis par des liens d'estime et d'amitié, guidés par un règlement sage, se proposant de vivre d'après des lois particulières, il est vrai, mais sans cesser d'obéir à celles du pays, et satisfaits de modifier leur existence à leur guise, sans prétendre réformer la société ou plutôt l'ébranler jusque dans ses fondements, en sapant les institutions qui lui servent de base, — bien différents, on le voit, de nos modernes sectaires, lesquels prétendent imposer par la violence leurs doctrines insensées, prêchent la régénération du monde dans un baptême de sang, et dont le but unique, ardemment poursuivi, est d'amener une *révolution sociale*, afin de se substituer, eux qui ne *possèdent pas*, à tous ceux qui *possèdent*.

Certes, la fraternité universelle est un beau rêve, une utopie séduisante, mais non réalisable, par malheur, comme tous les rêves, comme toutes les utopies ; aussi, malgré ses apparentes conditions de vitalité, l'association dont nous sommes, après Restif de la Bretonne, l'historien impartial, portait-elle dans son sein des germes de mort, au moment même de sa naissance.

Mais n'anticipons pas sur le récit des faits.

Une semaine environ, après la signature du *Code communiste* que nos lecteurs connaissent, Philoctète Germinot, qui avait consacré ces huit jours à d'indispensables préparatifs, pria ses parents de se réunir pour la seconde fois à ceux de mademoiselle Delorme.

Une nouvelle invitation rassembla les deux familles, et, après un repas qui parut long à tout le monde à cause de la préoccupation générale, Philoctète demanda la permission de parler.

— Nous vous écoutons, mon fils, — répondit M. Germinot.

Le jeune homme salua son père, puis il s'exprima de la sorte, en s'adressant aux parents de Pétronille :

— La touchante confiance que vous m'avez témoignée, il y a quelques jours, votre noble désintéressement et la tendresse que m'inspire mademoiselle Delorme, n'ont fait que me prouver davantage, monsieur et madame, combien mon père agissait sagement, en mettant des obstacles à une union qui pouvait compromettre le bonheur de votre fille...

« Mais si j'ai pourvu à ces obstacles, si je me suis mis, pour ainsi dire, hors de la portée du malheur, si j'ai assuré contre tous les accidents le sort de celle que j'aime plus que moi-même, j'espère alors que mon père, ne pouvant désormais conserver d'inquiétude pour la plus charmante des filles, acceptera avec reconnaissance le don inestimable qu'on veut bien me faire en me la donnant...

— Oui, mon fils, — répondit Germinot, — cela n'est pas douteux.

— J'espère aussi, poursuivit Philoctète, que monsieur et madame Delorme n'hésiteront point à ratifier la promesse que j'ai obtenue d'eux ici-même.

— Vous avez ma parole, — dit M. Delorme, — et Pétronille est à vous.

— Voici donc des arrangements certains

et déjà réalisés, — reprit le jeune homme, en déployant le règlement, qu'il lut et qu'il accompagna de quelques commentaires. — Ensuite il ajouta :

— Cette loi fondamentale ayant été consentie à l'unanimité, comme vous pouvez vous en convaincre par les signatures, les plus riches d'entre nous ont réalisé une somme, avec laquelle notre projet a reçu un commencement d'exécution.

Ainsi nous avons pris à bail un bout entier de la rue de ***, et quinze d'entre nous s'y sont déjà installés...

On n'a donné que quinze jours aux cinq autres pour s'y joindre, mariés ou non mariés, afin de mettre le règlement en vigueur. Cependant les premiers établis l'exécutent déjà, et tout va le mieux du monde, ainsi qu'il est facile de vous en assurer par vous-mêmes.

Ce discours de Philoctète produisit sur les deux familles une telle impression, qu'elles voulurent jouir aussitôt du spectacle de l'association, et que Philoctète les y conduisit sur-le-champ.

Nous n'avons pas besoin de dire que Pétronille fut de cette visite, et que les femmes des associés, déjà réunies, ayant su qu'elle deviendrait une de leurs compagnes, lui firent le plus gracieux accueil.

Le mariage s'accomplit au bout de peu de jours et la noce fut une fête générale pour l'association, à laquelle les nouveaux époux se joignirent sans retard.

———

« *Tout est beau qui est nouveau!* » — dit un vieux proverbe.

Ainsi fut-il pour les *communistes* du quartier Saint-Martin. — Durant les premiers mois, leur ICARIE (que M. Cabet nous permette de lui emprunter cette expression) fut pour eux un Eden, une véritable terre promise.

Chaque jour, ils s'applaudissaient de la solidarité d'intérêts et de plaisirs qu'ils avaient adoptée, et ils regardaient avec un dédain mal dissimulé ceux de leurs concitoyens qui, moins heureux ou moins bien inspirés, ne songeaient point encore à s'isoler d'un monde corrompu, et continuaient à courber la tête sous le joug de l'égoïste maxime : *Chacun chez soi ; chacun pour soi !*

Les associés s'étaient mariés tous en même temps, pour obéir moins à la lettre qu'à l'esprit de leurs statuts, et la plupart avaient épousé les sœurs de leurs co-associés.

Ces jeunes femmes étaient jolies ou du moins agréables, et toutes avaient inspiré à ceux dont elles devenaient les compagnes, sinon une passion ardente, du moins un sentiment très vif, aussi la lune de miel fut-elle une ère de félicité pour ces couples du temps de l'âge d'or et l'on n'entendait, à chaque étage de chaque demeure, que tendres paroles et roucoulements de tourtereaux.

Philoctète et Pétronille, de qui nous avons connu les bucoliques amours, donnaient l'exemple du plus touchant accord, et la *Démocratie pacifique,* ce candide organe des *affinités passionnelles,* eût frémi de joie (depuis la plante de ses *premiers Paris* jusqu'à la racine de ses *faits divers*) à voir comment les autres *groupes harmoniques* s'évertuaient de leur mieux à les imiter, ce à quoi ils parvenaient facilement.

Chaque sœur (les associés s'appelaient entre eux : *mon frère* et *ma sœur*), chaque sœur se faisait un plaisir de s'occuper des soins du ménage commun.

— Les heures du repos étaient consacrées à des jeux de toutes sortes et à de charmantes causeries dont on bannissait avec soin la médisance et les commérages; enfin, les longues promenades qui se faisaient aux jours de repos devenaient de véritables parties de plaisir, égayées par la variété, l'enjouement, l'insouciance, et où chaque mari semblait se croire en bonne fortune avec sa femme.

Quel riant tableau ; et pourquoi faut-il.... ?

Mais, patience.

Quand un orage se prépare dans un ciel pur jusqu'alors, on voit, de tous les points de l'horizon, accourir de petits nuages poussés par des vents contraires.

Ils se rapprochent, ils s'unissent, — les menus flocons se changent peu à peu en une nuée épaisse, qui s'interpose comme un voile sombre entre le soleil et la terre, et qui recèle la foudre dans ses flancs.

La foudre était loin encore, mais les petits nuages allaient apparaître.

Dermilly, l'avocat, fut l'occasion du premier.

Depuis quelques jours des hommes noirs, à figures sinistres, de ceux que l'argot judiciaire désigne sous le nom de *praticiens* et de *recors*, et que le peuple, dans son langage énergique et figuré appelle des *corbeaux*, rôdaient dans les alentours de la communauté.

Dermilly ne sortait plus.

Une constante préoccupation, une croissante tristesse, se manifestaient sur son visage — on ne le voyait pas sourire comme d'habitude à sa jeune femme;— jamais une saillie, jamais un mot joyeux ne lui échappaient pendant les repas, et si quelqu'un lui adressait la parole, il ne manquait point de faire répéter, comme un homme qui n'a pas entendu ou plutôt qui n'a pas écouté.

On le questionna vainement d'abord sur les causes du chagrin qui semblait le dominer d'une façon si complète.

Il répondit d'une manière évasive, et l'on ne crut pas devoir insister.

Enfin un soir, au moment où les associés étaient réunis pour l'heure du souper, il se leva les yeux mouillés de larmes et dit :

— Chers *frères* et chères *sœurs*, je vous dois un aveu... un aveu bien pénible...

Il s'interrompit un instant.

— Parlez, mon frère! — lui cria-t-on de toutes parts, avec un intérêt dans lequel il entrait bien un peu de curiosité.

— Je me trouve au milieu de vous pour la dernière fois, d'ici à bien longtemps peut-être... — reprit l'avocat.

— Tu nous quittes? — demanda Philoctète au comble de la surprise.

— Il le faut!!!

— Mais pourquoi?

— Oui, pourquoi? — demandèrent en même temps cinq ou six associés.

— Parce que demain je serai en prison.

— En prison!!... — Mais qu'as-tu donc fait, mon frère?

— Rien de honteux, — rien, du moins,

qui doive me forcer à rougir devant vous !

— Pour réparer des folies de jeunesse, bien antérieures à l'époque de notre association, j'avais souscrit des engagements onéreux auxquels il m'a été impossible de faire honneur.— On m'a poursuivi ; — tous les délais sont expirés ; — je sais de science certaine qu'on m'arrêtera au point du jour, et que je coucherai demain soir au For-l'Évêque.

— N'est-ce que cela ? — demanda Philoctète.

— Mais il me semble que c'est bien assez !

— Erreur, mon frère ; — tu n'iras pas en prison.

— Et qui m'en empêchera ?

— Moi... nous tous !

— Comment ?

— As-tu donc oublié déjà le règlement qui nous lie les uns aux autres?...

Philoctète prit l'un des tableaux suspendus à la muraille et lut d'un air de triomphe :

« ARTICLE 1ᵉʳ. — *Communauté parfaite.*

« *Toutes dettes*, MÊME CELLES CONTRACTÉES ANTÉRIEUREMENT, *seront acquittées par l'association.* » — Il me semble que cela est clair !

— Mais, — s'écria Dermilly, — je ne puis consentir...

— Il le faut, — tu as signé nos statuts ; — ta signature, au bas de cet acte, t'oblige autant que celle de tes billets à ordre. — Combien dois-tu ?

— Une somme énorme !

— Mais encore ?

— Dix mille livres...

— Diable, — fit Germinot, — c'est lourd,

en effet? Mais, n'importe, nous payerons, et nous en serons quittes pour travailler un peu plus chaque jour, afin de combler la brèche. — Allons, frère, embrasse nous et redeviens joyeux, — ton grand tort a été de manquer de confiance et de cacher si longtemps à tes frères la cause de ton chagrin...

On paya le lendemain, en effet, mais il y eut, à ce propos, un germe d'amertume involontaire à l'endroit de Dermilly.

Plus d'un associé ne put s'empêcher de dire, ou du moins de penser, qu'il était dur d'avoir mis en commun tout ce qu'on possédait pour en voir sacrifier une si forte part à remplir l'abîme creusé par les folies d'un seul.

Aucune plainte ne fut prononcée.

Aucun reproche ne fut articulé à haute

et intelligible voix, mais *la fraternité* des cœurs venait de recevoir une première blessure ! !

Le temps s'écoulait cependant, et les rouages de la communauté fonctionnaient encore sans encombre, quoique le *troisième article* du règlement eût suscité déjà des débats assez graves.

Certains, mariés depuis trois ou quatre ans à l'époque de leur entrée dans l'association, se trouvaient avoir des enfants en âge d'être dirigés vers telle profession plutôt que vers telle autre.

On connaît la fable du *Hibou* :

« Mes petits sont mignons ! ! »

Voilà ce que chaque père de famille se disait, à l'instar de l'oiseau nocturne, et tous, avisant dans les fruits de leur amour de brillantes qualités et une intelligence hors ligne, en voulaient faire des avocats et des médecins, et nullement des tailleurs et des cordonniers.

Or, pousser tous les rejetons *icariens* vers les carrières libérales, au détriment absolu des *métiers* proprement dits, c'était attaquer l'association dans son principe vital, car le moment arriverait où la communauté, manquant de bras *utiles,* serait obligée de renouer des relations suivies avec le monde profane (*profanum vulgus!*), et c'est justement ce qu'il importait d'éviter.

Mais faites donc comprendre ceci à une mère qui rêve pour son fils la toge et le bonnet carré, et qui, d'avance, le voit pérorant avec un succès pyramidal devant MM. les juges au grand Châtelet ! ! !

Aussi, à propos de la supériorité intellectuelle des progénitures respectives, plus d'une associée fut-elle au moment d'arracher quelque peu de cheveux de ses très chères sœurs, — et comme, bien entendu, les hommes prenaient fait et cause pour les colères de leurs *épouses*, un conflit général devenait parfois imminent.

C'était naturel, mais peu fraternel.

Philoctète, législateur et conciliateur, nature d'élite remplie de foi dans son œuvre, avait trouvé moyen, jusqu'alors, d'empêcher les discussions de s'envenimer.

Pour nous servir d'une expression célèbre, empruntée à un ex-grand poète, ex-grand homme d'État, aujourd'hui déchu de la poésie comme de la politique, il s'était fait LE PARATONNERRE de ces discordes intérieures, de ces haines naissantes, de ces sourdes acrimonies.

Mais le moment arrivait où il allait avoir à

défendre son propre bonheur, aux prises avec son utopie.

La première année touchait à sa fin.

Cette lune de miel, dont nous avons un peu plus haut célébré les chastes douceurs, amoindrissait déjà, pour plus d'un jeune couple, son croissant argenté.

La soif de tendresse conjugale s'étanchait, et le *pâté d'anguilles* du bonhomme La Fontaine commençait à paraître fade au palais blasé de certains maris.

Il faudrait bientôt à ces Icariens félons le piment du fruit défendu !!

*L'article neuf* du règlement disait, à la vérité, en termes forts nets :

« *Les mœurs de l'association seront honnêtes et décentes, — il ne s'y commettra aucun désordre avec les épouses les uns des autres.* »

Mais qu'est-ce, après tout, qu'un règlement ?

La même chose, en plus petit, qu'une charte constitutionnelle.

Bref, les volages, lassés des joies licites de l'*hymen*, préludèrent par la distraction à l'infidélité.

Ils jetèrent d'abord un regard curieux sur les femmes de leurs co-associés.

Puis la curiosité devint de l'admiration.

Et l'admiration suivant la marche ordinaire des choses d'ici-bas, ne tarda point à se changer en convoitise.

Philoctète seul, peu semblable aux agitateurs d'aujourd'hui, qui devraient crier bien haut : *Faites ce que je dis et n'imitez point ce que je fais*, prêchait d'exemple autant que de paroles, et n'avait de regards et d'amour que pour la seule Pétronille.

Malheureusement, les grâces et la beauté de madame Germinot exerçaient en même temps dans un autre cœur de terribles ravages.

Maître Simonot, le procureur, s'était épris d'une ardente passion pour cette charmante femme.

Ce jeune homme, doué d'une figure régulière et expressive, était bien fait de sa personne, poli et dameret, recherché et peut-être même un peu prétentieux dans ses manières.—Il aimait le luxe des vêtements, et affectait volontiers de se donner, le matin, les airs d'un jeune seigneur qui sort en *chenille* pour aller courir la grisette et livrer de faciles assauts aux accommodantes vertus de la bourgeoisie et du comptoir.

Les passions de Simonot étaient vives et peu durables. — Il s'enflammait facilement, mais ne se piquait point de constance.

Il avait tous les goûts factices, enfants de la frivolité des grandes villes.

Il se laissait séduire par une coiffure élégante et coquette.

Rien ne lui plaisait davantage que ces robes à la *polonaise*, à la *circassienne*, qui marquaient la taille, en dessinaient correctement les contours, et qui, à l'aide de quelques demi-paniers, donnaient à la démarche une désinvolture enchanteresse.

Il voulait une jambe fine indiscrètement montrée par une jupe un peu courte.

Enfin, un pied mignon, bien chaussé d'une petite mule à talon haut, le mettait hors de lui-même.

Or, Pétronille, singulièrement embellie par le mariage et le bonheur, réunissait tous ces charmes au degré le plus parfait.

Simonot devint amoureux, nous le répétons, et Pétronille, quoique innocente encore, ne tarda point à le trouver aimable.

Peu à peu ils se recherchèrent, mais avec décence et retenue.

Bientôt ils déplorèrent de ne s'être point connus alors qu'ils étaient libres tous deux.

Le texte habituel de leurs entretiens fut alors le bonheur pur et sans mélange dont ils auraient joui ensemble, et l'on devine de combien de fioritures ils brodèrent ce thème intarissable.

Si l'espace ne nous faisait défaut, cher lecteur, et si nous avions nos coudées franches dans ce feuilleton comme dans les pages d'un roman, nous aimerions à analyser devant vous, heure par heure, minute par minute, les phases diverses de la passion du procureur et de Pétronille.

Nous vous dirions comment chaque jour, le hardi jeune homme marchait *pianissimo* vers le déuoûment de ses projets coupables.

Et comment, chaque jour aussi, la pauvre femme faisait un pas de plus, et presque à son insu, hors de l'étroit sentier de l'honneur...

Cependant les strictes bornes de la passion platonique n'avaient point été franchies, ainsi que l'attestent ces quelques fragments d'une lettre adressée par Simonot à Pétronille.

Sur l'adresse étaient tracées les lignes suivantes :

« *Ce billet, ma très chère sœur, est de conséquence, — cachez-le en le recevant, si vous n'êtes pas seule, — lisez-le dans le plus grand secret et rendez-le moi ce soir, je vous en supplie.* »

Voici ce que contenait la lettre :

« Depuis que je vous ai vue pour la première fois, j'éprouve un sentiment inconnu...

« Ce n'est pas de l'amour, car je crois en avoir éprouvé déjà, et cela ne ressemblait point à ce qui se passe en moi...

« Ce n'est pas de l'amitié, car je suis jaloux, jaloux à la fureur...

« C'est quelque chose de plus que l'amitié, que l'amour, que le respect, que l'estime, que le dévoûment le plus tendre, — c'est de l'adoration !!

« Adorable reine (ah! vous l'êtes de mon cœur!) je n'ai plus d'âme, je sens que c'est vous, vous seule qui m'animez !

. . . . . . . . . . .

« Je ne bénis que notre association, c'est par elle que tout nous est commun, c'est par elle que vous êtes *ma sœur*, que je suis *votre frère!* — Ce titre seul m'aide à supporter l'existence et le malheur, devenus inséparables pour moi !!! »

A ce brûlant pathos Pétronille répondait avec toute sorte de pudeur effarouchée, de passion contenue et de charmantes petites frayeurs :

« Mon Dieu, à quoi pensez-vous de m'écrire comme vous avez fait !!

« Si quelqu'une de mes compagnes m'avait vue recevoir et ouvrir votre lettre !!

« Non-seulement je ne veux pas le garder cet imprudent billet, mais je vais vous le renvoyer sur-le-champ, avec cette réponse que j'ai été vous faire dans le cabinet des comptes *.

« Adieu, *mon frère,* soyez prudent, et si

---

* C'était le cabinet où *l'épouse* qui présidait au ménage, à son tour, mettait en ordre les comptes de la dépense journalière.   (Note de Restif de la Bretonne).

nos sentiments sont involontaires ne les rendez pas scandaleux!

« Pour moi, je ne saurais me plaindre des miens, quoiqu'ils me fassent beaucoup souffrir, — ils sont quelquefois si doux, que le reste est bientôt effacé... »

. . . . . . . . . . . . .

Tandis que s'échangeaient ces correspondances de sinistre augure, Philoctète s'endormait dans cette sécurité, si habituelle à tant de maris, hélas! et si funeste!

Et l'intrigue marchait toujours...

Un beau soir, l'association tout entière était à la promenade, sur la route de Saint-Denis.

On allait par couples séparés. — Les enfants couraient à droite et à gauche, dans les prés qui bordaient la route.

Simonot, ayant trouvé moyen de donner le bras à Pétronille, s'isolait le plus possible du reste des promeneurs.

L'amoureux jeune homme serrait avec tendresse la main frémissante de sa jolie compagne, et se penchant à son oreille, lui disait d'une voix passionnée :

— Ah! depuis bien longtemps, *chère sœur*, voici mes seuls moments heureux :

— Je vous avouerai que je pense de même, — répondait Pétronille en rougissant à demi, — et je me le reproche, car nous avons tort... bien grand tort d'oublier ainsi, vous votre femme, moi mon mari...

— C'est vrai, et ce que vous me dites, je me le répète sans cesse; mais un instant de votre présence détruit tous mes raisonnements. — Dans l'*univers* entier, il n'est rien qui vous égale, *ma sœur!*...

— Il faut aussi vous l'avouer, *mon frère*,

je ne trouve personne d'aimable autant que vous.

— O bonheur!

— Mais où cela nous mènera-t-il? — A bien des chagrins, à bien des remords peut-être!... Sachons donc nous fuir, *mon frère*...

— Ah! *ma sœur*, vous parlez en femme qui n'aime pas comme je le fais! — Je ne veux adorer que vous au monde, et je voudrais le contraire que je ne le pourrais pas!!

— Paix! enfant que vous êtes, — voici derrière nous notre *frère* Balduc et notre *sœur* Bel qui...

— Qui peut-être s'en disent autant et s'entendent mieux que nous... — interrompit Simonot.

— Hélas! — fit Pétronille avec un soupir.

Elle se retourna à demi et ajouta en regardant le couple qui les suivait :

— Notre sœur Bel est charmante !

— Cent fois moins que vous ! — s'écria le procureur; — vous réunissez en votre personne tout ce que vos compagnes ont de charmant, et vous l'animez par des grâces que vous possédez seule !

— Vous le dites...

— Je le pense !!

— Soit; mais à quoi vous sert-il de le penser?

— A me rendre malheureux !

— Ah ! tant pis !!

— Toute ma félicité dépend de vous...

— Elle est donc impossible !

— Quoi ! je ne puis être aimé !!

— Je vous aime... d'amitié...

— C'est trop peu... ce que je demande,

*ma sœur*, ce que je veux, ce qu'il me faut, c'est de l'amour... etc..., etc...

On voit quel chemin dangereux et bordé d'abîmes côtoyait la conversation du jeune couple. — Nos lecteurs en savent assez désormais et ils suppléeront facilement à la suite du tendre dialogue que nous ne jugeons point à propos de sténographier plus longtemps.

La semaine suivante, le hasard, cet imprudent complice de tant de regrettables faiblesses, ménagea un tête-à-tête aux deux amants, dans le salon commun de l'association.

Simonot était pâle, abattu et singulièrement changé.

— Qu'avez-vous donc? — lui demanda Pétronille, — tout le monde, parmi nous, remarque votre air chagrin et souffre de votre humeur inégale ?

— Ce que j'ai? — pouvez-vous bien me le demander, *ma sœur?*

— Mais, sans doute?

— Eh bien, j'ai, que je meurs, que je me brûle, que je me consume d'amour!!

— Vous ne cesserez donc de désirer, mon Dieu, que quand je n'aurai plus rien à perdre, ni en repos, ni en honneur!...

— Votre repos ! — Votre honneur ! — répondit Simonot avec une ironie amère. Oh! *cruelle,* vous y tenez plus qu'à ma vie !!

— Faut-il que je m'affiche, — que je brave tous nos *frères,* que j'insulte publiquement à mon honnête mari!...

— On ne recule devant rien quand on aime !

— Vous êtes un tyran !

— Et vous une insensible, une femme sans cœur, *qu'une hyène où qu'une tigresse a nourrie de son lait...* il ne me reste plus qu'à mourir, et j'y cours de ce pas...

Simonot fit un mouvement pour sortir.

Pétronille se jeta au devant de lui en s'écriant :

— Ciel ! que voulez-vous faire ?

— Mettre fin, dans les flots de la Seine, à ma misérable vie !

— Ah ! — dit alors Pétronille d'une voix expirante, ah ! *barbare*, si vous n'avez pas pitié de vous, du moins ayez pitié de moi !

Et elle tomba, à demi pâmée de douleur et d'épouvante, dans les bras du jeune homme qui la porta sur un siége.

Qu'allait-il arriver ?

Dieu le sait, ou plutôt le diable s'en doute.

Heureusement, pour la moralité de notre écrit, et la chasteté de notre plume de conteur, la porte du salon s'ouvrit en ce moment, et un nouveau personnage, tout-à-fait inattendu, et surtout nullement désiré, vint changer le tête-à-tête en trio.

Ce personnage n'était autre que Philoctète Germinot, lequel s'arrêta sur le seuil, les bras balans et la mine effarée, à la vue du procureur, s'occupant de façon fort active à baiser la main de Pétronille pour la tirer de l'évanouissement presque complet où elle était plongée.

On devine ce qui suivit.

Le mari, après un premier moment de stupeur, ne put dominer sa trop juste indignation.

Il se précipita vers Simonot et lui administra une vigoureuse correction manuelle.

Le procureur se défendit de son mieux, — les coups de poing et les gourmades se succédèrent dru comme grêle.

On eût dit les citoyens Proudhon et Félix Pyat se livrant, au sein de l'assemblée nationale, à l'une de ces luttes homériques dont les annales de notre histoire contemporaine garderont la mémoire aux siècles à venir.

Pétronille, revenue à elle-même, poussa les hauts cris et se jeta héroïquement entre les combattants.

Tous les membres de l'association accoururent.

Le scandale fut horrible.

Lorsque, enfin, de guerre lasse, les deux champions se séparèrent, Philoctète avait les yeux totalement pochés, et trois dents de devant manquaient à Simonot !

Aux termes de l'article 21 des statuts, les parties belligérantes durent comparaître devant la communauté rassemblée, afin d'y exposer leurs griefs réciproques, et de mettre leurs *frères* à même de décider qui avait tort ou raison.

Philoctète articula sa plainte, et l'on vit tous les maris frémir en se regardant.

La catastrophe d'un autre leur ouvrait les yeux.—Ils faisaient un retour sur leurs propres ménages et ne se sentaient point rassurés.

Simonot fut *blâmé* d'une manière unanime, et l'on s'efforça de consoler Philoctète en lui démontrant, qu'après tout, son malheur était loin d'être complet.

Dans la même séance, on ajouta aux statuts un article supplémentaire enjoignant aux femmes de ne donner le bras, à la promenade, qu'à leur mari, et à ne pouvoir se trouver seules, en particulier, qu'avec lui.

C'était très rassurant, mais fort triste.

A partir de ce moment, l'association

perdit sa gaîté et prit l'aspect morne d'un cloître.

La défiance était éveillée dans les esprits et l'on ne rencontrait que maris aux aguets, et jaloux aux écoutes.

Philoctète lui-même, l'âme de la communauté, donnait l'exemple d'une taciturnité soupçonneuse, morose et quasi farouche.

Son cœur, plus épris que jamais de Pétronille, avait été blessé profondément.

Il souffrait dans son amour et dans son amour-propre ; — il souffrait dans sa tendresse pour sa jeune femme et dans sa tendresse pour son œuvre.

Il se disait qu'il avait agi comme un imprudent ou comme un fou, en ne voyant que les beaux côtés d'une association, qui, pour être humainement possible, demandait des vertus plus qu'humaines.

Cependant il n'osait retourner en arrière et démolir ce qu'il avait bâti.

Cet état de choses dura deux ans.

Les rouages fonctionnaient encore, mais d'une manière pénible, et pour ainsi dire agonisante. — (Qu'on nous pardonne cette expression.)

On devinait que tous ces adeptes, si fervents jadis et si enthousiastes, n'attendaient qu'une occasion, peut-être même qu'un prétexte, pour se séparer avec autant de joie qu'ils en avaient mis à se rassembler.

L'occasion demandée ne tarda pas longtemps.

Dans l'article 1$^{er}$ du règlement, on s'en souvient, se trouvait ce paragraphe :

« *Toutes les successions qui échéeront à un chacun des vingt associés profiteront à l'association en corps.* »

Or, il arriva qu'Alexandre Bel, le marchand de vin, reçut un beau matin l'avis qu'un certain fermier-général, son cousin au dixième degré, venait de mourir sans tester, que, comme il se trouvait le seul et unique parent du défunt, la succession s'ouvrait à son profit, et que l'héritage en question se montait à la bagatelle de quatre ou cinq millions de livres.

Grande joie, comme on le pense, et grande rumeur parmi les co-associés.

Mais Bel, se voyant riche, s'était pris tout d'un coup à mépriser le *communisme*. Il déclara qu'il prétendait garder pour lui seul et pour ses enfants la fortune qui lui tombait du ciel, et que, renonçant de son plein gré aux avantages de la *fraternité*, il abandonnait ses *frères* et rentrait dans le monde.

Aussitôt tapages et tempêtes.

Les associés, remis soudainement d'accord par une pensée cupide, protestèrent contre cette résolution, et soutinrent que Bel, en signant les statuts, s'était engagé d'une façon irrévocable.

Lui, prétendit le contraire.—On plaida.

Dermilly l'avocat et Simonot le procureur s'agitèrent, se multiplièrent, et enfin, comme on dit vulgairement, *firent feu des quatre pieds*.

Un si beau zèle, hélas! fut mal récompensé.

Non-seulement Bel gagna son procès, mais encore il fit condamner ses adversaires à tous les frais et dépens.

C'en était trop!

Décidément la fatalité se montrait hostile, et l'heure du *communisme* n'était point encore venue.

L'association fut dissoute.

On liquida les affaires de la société. — Le bilan présenta à l'actif ce chiffre unique et lamentable : *zéro*. Les ex-*frères*, confus, ruinés et redevenus de simples *bourgeois*, jurèrent, mais un peu trop tard, qu'on ne les y prendrait plus, et purent faire à loisir de longues et philosophiques réflexions sur le danger des *expériences* en matière sociale.

La révolution de 1789 ne tarda pas à éclater.

Philoctète Germinot, devenu *réactionnaire*, fut accusé d'être *suspect* par quelques fougueux patriotes.

Il mourut sur l'échafaud pendant la *Terreur*.

On ne sait pas ce qu'est devenue Pétronille après lui.

FIN.

# TABLE

### DEUXIÈME PARTIE.

— *Suite.* —

### LA DUCHESSE.

— *Suite.* —

| | | |
|---|---|---:|
| Chap. XXXIV. | Le passage Saint-Roch. | 3 |
| XXXV. | Premier rendez-vous | 19 |
| XXXVI. | Casus Belli | 35 |
| XXXVII. | Le vol à la tire. | 49 |
| XXXVIII. | Un coup de tonnerre | 69 |
| XXXIX. | Le protecteur | 87 |
| XL. | Tentatives | 105 |
| XLI. | Stop | 119 |
| XLII. | Un mystère | 137 |
| XLIII. | Une péripétie | 155 |
| XLIV. | Salluces et Raphaël. | 177 |
| XLV. | Une lettre | 191 |
| XLVI. | Cinq-cents mille francs | 207 |
| XLVII. | Un dénouement | 231 |
| | Épilogue | 251 |

**UNE ICARIE EN 1780.**

Imp. de E. Dépée, à Sceaux (Seine).

# OUVRAGES D'ALEXANDRE DUMAS.

## En Vente :

| | |
|---|---|
| Louis **XV** (*inédit*) . . . . . | 5 vol |
| La Régence (*inédit et terminé*) . . | 2 vol. |
| Le Véloce (*inédit*) . . . . . | 2 vol. |
| Les Mille et un Fantômes (*terminé*) . | 2 vol. |
| La Comtesse de Salisbury (*inédit*) . | 6 vol. |
| Le Collier de la Reine . . . . | 10 vol. |
| Mémoires d'un Médecin . . . . | 20 vol. |
| Les Quarante-Cinq . . . . . | 10 vol. |
| Les deux Diane (*inédit*) . . . . | 10 vol. |
| Le Bâtard de Mauléon . . . . | 9 vol. |
| Le Chevalier de Maison-Rouge . . | 6 vol. |
| La Fille du Régent . . . . . | 4 vol. |
| Louis XIV et son Siècle . . . . | 9 vol. |

## Sous Presse :

| | |
|---|---|
| Le Château de Blois. | |
| Ange Pitou. | |
| Louis XVI et la Révolution. | |

## ALEXANDRE DUMAS FILS.

### EN VENTE :

| | |
|---|---|
| La Dame aux Camélias . . . . | 2 vol. |
| Le Roman d'une Femme . . . . | 4 vol. |
| Le docteur Servans . . . . | 2 vol. |
| Césarine . . . . . . . | 1 vol. |
| Aventures de quatre Femmes . . | 6 vol. |

### SOUS PRESSE :

| | |
|---|---|
| Tristan le Roux . . . . . | 3 vol. |
| Les Amours véritables . . . . | 4 vol. |
| Diane de Lys . . . . . . | 2 vol. |

IMPRIMERIE DE E. DÉPÉE, A SCEAUX (SEINE.)

www.ingramcontent.com/pod-product-compliance
Lightning Source LLC
Chambersburg PA
CBHW050249170426
43202CB00011B/1613